*The
Dream
Below
the
Sun*

The Dream Below the Sun

Selected Poems of Antonio Machado

Translated by Willis Barnstone
Introduction by John Dos Passos
Reminiscence by Juan Ramón Jiménez

 THE CROSSING PRESS / Trumansburg, New York 14886

I wish to express my gratitude to Professor Emeritus Tomás Navarro Tomás of Columbia University, Machado's traveling companion during the exodus from Spain, for giving background material and encouraging the original project. For their careful reading of the English text, I am indebted to Professor Henry W. Wells of Columbia and Professors Norman Holmes Pearson, Roberto Retamar, and Guillermo del Olmo of Yale University. The list of those who so generously gave time and advice must include Janis Darzins, Michael Kowal, William Byler, John Martin, William Ilgen, Patric Ewing, Donald and Iris Cheney, Luis Beltrán, and Helle Phaedra Barnstone. The introduction by John Dos Passos and the reminiscence by Juan Ramon Jimenez were prepared for the earlier, shorter version of this book, *Eighty Poems of Antonio Machado* (1959).

011450

7.95 PB

Cover and book design by Mary A. Scott
Cover illustration by Pablo Picasso
Illustrations on pages 12, 25, 40, 89, 122 and 143 by William Bailey
Endpapers by Ashley Miller

Machado y Ruiz, Antonio, 1875-1939.
    The dream below the sun.

    English and Spanish.
    I. Barnstone, Willis, 1927-   . II. Title.
PQ6623.A3A22   861'.62   80-28613
ISBN 0-89594-046-9
ISBN 0-89594-047-7 (pbk.)

to the Memory of my Mother & Father

Contents

Introduction

Though I never knew Antonio Machado well my recollections of him are so sharp as to be almost painful. I remember him as a large sad fumbling man dressed like an oldfashioned schoolteacher. Stiff wing collar none too clean; spots on his clothes, and the shine of wear on the black broadcloth. He had a handsomely deep voice. Always when I think of him he is wearing the dusty derby he wore the evening we walked around Segovia in the moonlight.

Segovia is one of the walled mountain towns of old Castile. It is full of arches. A Roman aqueduct stalks across the city. There are Romanesque façades, squat towers, broad portals, all built of an umber and honeycolored stone. Every detail of the carved stonework stood out sharp in the flaming moonlight.

We had been sitting in the stale old casino that smelt of anise and horsehair sofas and provincial ennui. We had sat watching a game of billiards and talking about Whitman and Emily Dickinson until suddenly we had to get out of doors. A couple of other men joined us for a stroll around the city by moonlight. It was unbelievably beautiful. I remember how pleased Machado was with the names of the streets and the churches. *San Millán de las Brujas*—San Millan of the Witches—delighted him particularly.

Machado himself was living then in a shabby lodging on a street called *Calle de los Desamparados*—Street of Abandoned Children. He couldn't have had an address more characteristic of him. A lonely widower, in his forties I suppose, he gave the impression of being helpless in life's contests and struggles, a man without defenses. There was no trace of worldliness about him. Long ago he had accepted the pain and ignominy of being what he was, a poet, a man who had given up all hope of reward to live for the delicately imagined mood, the counterpoint of words, the accurately recording ear.

Machado el Bueno, his friends called him. Indeed he struck me as good in the best sense of the word, a man entirely of one piece. He followed his chosen calling with the simplicity and abnegation of a monk. Early he must have vowed himself to poverty.

His *Campos de Castilla* particularly made a great impression on me. I was a gangling foureyed young hobbledehoy just out of college, making my first independent effort to master a foreign language. Somebody had given me an excellent piece of advice: when you are trying to learn a foreign language always read the poetry before you try to learn the prose. Of course poetry that's worth its salt carries the essence of the language. So I carried Machado's *Campos de Castilla* with a dictionary around in my pocket for months. Even today when I try to dredge up some Spanish, it is Machado's Castilian that I remember. A language dry, spare and luminous. Its music is austere and plain. Eloquence is avoided at all cost. The homely carefully cadenced words are so stuffed with feeling that they throb. Sound and image are woven together to an extraordinary degree. Some stanzas seem almost more pictures than poems; rereading them I find myself renewing the excitement of my first touch of Spain.

The Spain of Antonio Machado's time was the Spain of what was known as "the generation of '98." Defeat in Cuba and the Philippines had fired a fresh crop of young men with a determination to renovate their country at any cost. Their hopes for education, for social justice, for freedom of speech and thought and action still glowed with the warm light of nineteenth century idealism. While their friends planned miracles in social progress, the poets discovered miracles in the tradition-laden villages, the bare landscapes, the harsh dignity of the peasants and drovers and muledrivers who people the Spanish countryside. The bare wheatlands of Castile were Machado's special domain.

Most of the men I got to know and esteem during those early trips to Spain met their ends in the civil war. Their hopes died with them. In Paris, after the collapse of the republic, they told me that Antonio Machado, already ill and broken, had been hustled into an ambulance carrying refugees to the border. He died in exile a month later in the French village of Collioure.

JOHN DOS PASSOS
Spence's Point, December 1957

Antonio Machado:
A Reminiscence

Even as a child, Antonio Machado sought death, the dead and decay in every recess of his soul and body. He always held within himself as much of death as of life, halves fused together by ingenuous artistry. When I met him early in the morning, I had the impression that he had just arisen from the grave. He smelled from far away of metamorphosis. A pit of worms did not disturb him, he was so familiar with it. I think he felt more repelled by smooth flesh than by bony carrion, and butterflies in the open air seemed to him almost as enchantingly sensual as houseflies or flies of the tomb and train,

inescapable gluttons.

A poet of death, Antonio Machado spent hour after hour meditating upon, perceiving, and preparing for death; I have never known anyone else who so balanced these levels, equal in height or depth, as he did, and who by his living-dying overcame the gap between these existences, paradoxically opposed yet the only ones known to us; existences strongly united even though we other men persist in separating, contrasting, and pitting them against each other. All our life is usually given over to fearing death and keeping it away from us, or rather, keeping ourselves away from it. Antonio Machado apprehended it in itself, yielded to it in large measure. Possibly, more than a man who was born, he was a man reborn. One proof of this, perhaps, is the mature philosophy of his youth. And possessing the secret of resurrection, he was reborn each day before those of us who saw him then, by natural poetic miracle, in order to look into his other life, that life of ours which he reserved in part also for himself. At times he passed the night in the city, in a lodginghouse or family boardinghouse. To sleep, after all, is to die, and at night we all lie down for our share of dying. He never cared to be recognized, and so he always walked enshrouded when he journeyed through the outskirts of towns, along passageways, alleys, lanes, and stairways; and at times, he may have been delayed by a stormy sea, the mirrors in a railroad station, or abandoned lighthouses, those standing tombs.

Seen by us, in our half-false light, he was corpulent, a naturally earthy hulk, like a big stump just dug out of the ground; he dressed his oversized body in loose-fitting black, ocher, or brown clothes in keeping with his extravagant manner of living death; a new jacket perhaps, hurriedly bought in the outdoor market, baggy trousers, and a completely frayed all-season overcoat, which was not the proper size; he wore a hat with a sagging threadbare brim, of no particular period, since death-life levels styles and periods. In place of cuff links he wore little larva-like cords on the cuffs of his huge shirt, and at the waist, for a belt, a cord of esparto, as would a hermit of his kind. Buttons? What for? His were the logical practices of a tree trunk with roots already in the cemetery.

When his only love died in Soria de Arriba, she who so well understood his transcendental role as a border dove, he had his idyl on his side of the boundary of death. From then on, he was master of all reason and circumstances; outwardly a widower, he set up his bridegroom house in the grave: a secret dovecot; and then he came to the world of our provinces only for the sake of something urgent: a publisher, the press, the bookseller, a necessary signature . . . the war, the terrible Spanish war of three centuries. *Then* he completely abandoned his death and his most intimate dead, and remained an eternal season in everyday life, in order to die again, like the best of the others, to die better than the others, than we who are more attached to the side of existence that we have accepted as life. And no final death could possibly have been more appropriate to his strange, earthly Spanish life; so much the more now that Antonio Machado, alive forever in an invisible presence, will never again be reborn in his own spirit and body. When bodily death came, he died humbly, miserably, collectively, the lead animal of a persecuted human flock, driven out of Spain—where he as Antonio Machado had had everything, his dovecots, his sheepfolds of love—through the back gate. In this condition he crossed the high mountains of the frozen frontier, because such was the way his best friends, the poorest and most worthy, made the crossing. And if he still lies under the ground with those buried there away from his love, it is for the comfort of being with them, for I am certain that he who knew the rough uneven path of death has been able to return to Spain through the sky below the ground.

All this night of high moon—moon that comes from Spain and returns to Spain, with its mountains and its Antonio Machado reflected in its melancholy mirror, moon of sad diamond, blue and green, in the palm tree of violet grassy plush by my little door of the true exile—I have heard in the depths of my waking-sleeping the ballad *Night Rainbow,* one of Antonio Machado's most profound poems and one of the most beautiful that I have ever read:

> And you, Lord, through whom
> we all see and who sees our souls,
> tell us whether one day
> we are all to look upon your face.

In the eternity of Spain's evil war, which joined her in a monstrous and terrible way with the other eternity, Antonio Machado, with Miguel de Unamuno and Federico García Lorca, all three so alive in death—each in his own way—have gone, in a different, lamentable, and yet beautiful manner, to look upon the face of God. Great it would be to see how God's face, a foremost sun or moon, shines on the faces of the three who have fallen, more fortunate perhaps than we others, and how they are seeing the face of God.

JUAN RAMÓN JIMÉNEZ
Río Piedras, November 1957

Translator's Note

In the years since *Eighty Poems of Antonio Machado* (1959) appeared, my ideas about translating poetry and, in particular, the poems of Antonio Machado, have changed little. To the original group has been added a substantial number of new poems. In the latter, as well as in the altered versions, I have moved away from *transformation* to versions in every way close to the original, even to the extent of forcing Spanish syntax and sound upon the English and thereby enriching, I hope, the distinction of the English poems. I have discovered that one has as much freedom in working very close to the source text as in taking leaps away from it; when the interpreter remains close, the composer remains the composer.

As for the poems in rhyme, I have also discovered that one is forced into greater·imaginative freedom by conserving as much of the original elements of full rhyme and meter. One has to work a little harder to gain this freedom, but, as in dealing with all strictures, only against resistence is freedom discovered and measured.

Of course the quality of the versions depends in the end not on method— any method is justified if properly acknowledged—but on the skill of the translator in applying method to a poem.

Antonio Machado is the first poet I translated—I was in my last year of college—and so all my adult life I have considered, loved, and lived with the poems of the Andalusian, and I hear him in Spanish as I hear him now in English. Let us hope that the reader will perceive through these versions the poet's sonorous and simple diction, the cunning and humor of his observation, the clarity of his landscape vision, and his lonely, moving, and profound meditation.

W.B.
Bloomington, November 1979

Hoy es siempre todavía.

Today is still forever.

Soledades

El viajero

Está en la sala familiar, sombría,
y entre nosotros, el querido hermano
que en el sueño infantil de un claro día
vimos partir hacia un país lejano.

Hoy tiene ya las sienes plateadas,
un gris mechón sobre la angosta frente;
y la fría inquietud de sus miradas
revela un alma casi toda ausente.

Deshójanse las copas otoñales
del parque mustio y viejo.
La tarde, tras los húmedos cristales,
se pinta, y en el fondo del espejo.

El rostro del hermano se ilumina
suavemente: ¿Floridos desengaños
dorados por la tarde que declina?
¿Ansias de vida nueva en nuevos años?

¿Lamentará la juventud perdida?
Lejos quedó—la pobre loba—muerta.
¿La blanca juventud nunca vivida
teme, que ha de cantar ante su puerta?

¿Sonríe al sol de oro
de la tierra de un sueño no encontrada;
y ve su nave hender el mar sonoro,
de viento y luz la blanca vela hinchada?

Solitudes

The traveler

He is among us in the gloom
of the family den. One sunny day
in childhood dream we saw
our brother leave for a far land.

His temples are silver now,
gray hair over a pinched forehead.
The icy worry of his gaze
reveals a soul almost in limbo.

In the old melancholy park
leaves spin out of autumn trees.
Behind the steaming panes
the afternoon is painted in a mirror.

Our brother's face is softly lighted.
Is it the gold of florid
disillusions in the sinking afternoon?
Longing for a new life and years?

Is he longing for lost youth?
That miserable wolf is far and dead.
Does he fear the white unlived manhood
that will haunt his door?

Can he smile at the sun of gold
from the land of an unfound dream,
or see his ship cutting the noisy sea,
a white sail swollen with wind and light?

Él ha visto las hojas otoñales,
amarillas, rodar, las olorosas
ramas del eucalipto, los rosales
que enseñan otra vez sus blancas rosas ...

Y este dolor que añora o desconfía
el temblor de una lágrima reprime,
y un resto de viril hipocresía
en el semblante pálido se imprime.

Serio retrato en la pared clarea
todavía. Nosotros divagamos.
En la tristeza del hogar golpea
el tictac del reloj. Todos callamos.
□

La plaza y los naranjos encendidos
con sus frutas redondas y risueñas.

Tumultos de pequeños colegiales
que al salir en desorden de la escuela,
llenan el aire de la plaza en sombra
con la algazara de sus voces nuevas.

¡Alegría infantil en los rincones
de las ciudades muertas! ...
¡Y algo nuestro de ayer, que todavía
vemos vagar por estas calles viejas!
□

En el entierro de un amigo

Tierra le dieron una tarde horrible
del mes de julio, bajo el sol de fuego.

A un paso de la abierta sepultura
había rosas de podridos pétalos
entre geranios de áspera fragancia
y roja flor. El cielo

In autumn he saw yellow leaves
tossing across the ground, aromatic
branches of eucalyptus; he saw bushes
again reveal their roses.

And his wistful and suspicious grief
freezes a threatening tear.
The imprint of a virile hypocrisy
cracks his wan face.

The grave portrait on the wall
is still lighted. We are rambling.
The clock pounds its tick-tock in the gloom
of the den. None of us talks.
□

The plaza and the burning orange trees
with their round and smiling fruits.

An uproar of children
pouring wildly out of the school,
who fill the air of the shadowy plaza
with the tumult of new voices.

Childhood joy in the corners
of the dead cities!
Something of our past we still see
wandering in these old streets!
□

On the burial of a friend

They laid him in the earth one terrible afternoon
in the month of July, under a sun of fire.

A step from the open tomb
were roses with rotting petals
among geraniums of bitter fragrance
and red blossoms. The sky

puro y azul. Corría
un aire fuerte y seco.

De los gruesos cordeles suspendidos,
pesadamente, descender hicieron
el ataúd al fondo de la fosa
los dos sepultureros . . .

Y al reposar sonó con recio golpe,
solemne, en el silencio.

Un golpe de ataúd en tierra es algo
perfectamente serio.

Sobre la negra caja se rompían
los pesados terrones polvorientos . . .

El aire se llevaba
de la honda fosa el blanquecino aliento.

—Y tú, sin sombra ya, duerme y reposa,
larga paz a tus huesos . . .

Definitivamente,
duerme un sueño tranquilo y verdadero.
□

Recuerdo infantil

Una tarde parda y fría
de invierno. Los colegiales
estudian. Monotonía
de lluvia tras los cristales.

Es la clase. En un cartel
se representa a Caín
fugitivo, y muerto Abel
junto a una mancha carmín.

pure and blue. A wind was blowing
hard and dry.

The two gravediggers
lowered the heavy coffin,
suspended from thick ropes,
to the bottom of the pit.

And it came to rest with a harsh thud,
solemnly, in the silence.

A coffin striking the earth is something
perfectly serious.

Over the black box the big
dusty clods were breaking.

From the deep grave
the wind raised up a whitish breath.

"And you, now without shadow, sleep and rest,
long peace to your bones.

"Now, forever,
sleep a true and tranquil sleep."
□

Childhood memory

A drab and chilling afternoon
in winter. The class
is studying. Monotony
of rain outside the glass.

The classroom. A chart
shows a fugitive Cain
and Abel dead
beside a crimson stain.

Con timbre sonoro y hueco
truena el maestro, un anciano
mal vestido, enjuto y seco,
que lleva un libro en la mano.

Y todo un coro infantil
va cantando la lección:
mil veces ciento, cien mil,
mil veces mil, un millión.

Una tarde parda y fría
de invierno. Los colegiales
estudian. Monotonía
de la lluvia en los cristales.
□

Orillas del duero

Se ha asomado una cigüeña a lo alto del campanario.
Girando en torno a la torre y al caserón solitario,
ya las golondrinas chillan. Pasaron del blanco invierno
de nevascas y ventiscas los crudos soplos de infierno.
       Es una tibia mañana.
El so calienta un poquito la pobre tierra soriana.

Pasado los verdes pinos,
casi azules, primavera
se ve brotar en los finos
chopos de la carretera
y del río. El Duero corre, terso y mudo, mansamente.
El campo parece, más que joven, adolescente.

Entre las hierbas alguna humilde flor ha nacido,
azul o blanca. ¡Belleza del campo apenas florido,
y mística primavera!

¡Chopos del camino blanco, álamos de la ribera,
espuma de la montaña
ante la azul lejanía,
sol del día, claro día!
¡Hermosa tierra de España!
□

In a sonorous, hollow tone
the master thunders, an old man,
shabby, lean and dry,
holding a book in his hand.

And a whole chorus of children
begins to chant the lesson:
a hundred squared, ten thousand,
a thousand squared, one million.

A drab and chilling afternoon
in winter. The class
is studying. Monotony
of rain across the glass.
□

Shores of the Duero

A stork has appeared high on the belfry.
Chirping swallows are circling the tower
and solitary mansion. White winter is gone,
with its snowstorms and crude blasts from the inferno.
                    It is a warm morning.
The sun gently heats the poor Sorian land.

Shunning the nearly blue evergreens,
spring is seen burgeoning
in slender poplars by the highway
and river. The calm Duero flows, polished, mute.
The fields appear not young but adolescent.

In the grass a lowly flower, blue or white,
is born. Beauty of the fields in first bloom,
and mystical spring!

Poplars of the white road, aspens by the shore,
mountain foam
against the blue distance,
full light of sun, bright day!
Handsome Spanish land!
□

A la desierta plaza
conduce un laberinto de callejas.
A un lado, el viejo paredón sombrío
de una ruinosa iglesia;
a otro lado, la tapia blanquecina
de un huerto de cipreses y palmeras,
y, frente a mí, la casa,
y en la casa, la reja,
ante el cristal que levemente empaña
su figurilla plácida y risueña.
Me apartaré. No quiero
llamar a tu ventana . . . Primavera
viene—su veste blanca
flota en el aire de la plaza muerta—;
viene a encender las rosas
rojas de tus rosales . . . Quiero verla . . .
□

La calle en sombra. Ocultan los altos caserones
el sol que muere; hay ecos de luz en los balcones.

¿No ves, en el encanto del mirador florido,
el óvalo rosado de un rostro conocido?

La imagen, tras el vidrio de equívoco reflejo,
surge o se apaga como daguerrotipo viejo.

Suena en la calle sólo el ruido de tu paso;
se extinguen lentamente los ecos del ocaso.

¡Oh, angustia! Pesa y duele el corazón . . . ¿Es ella?
No puede ser . . . Camina . . . En el azul la estrella.
□

Horizonte

En una tarde clara y amplia como el hastío,
cuando su lanza blande el tórrido verano,

A labyrinth of narrow streets
converges on the deserted plaza.
On one side the old somber big wall
of a ruinous church;
on the other the whitish adobe
wall of an orchard with cypresses and palm trees,
and before me the house;
on the house an iron grill
before the window that lightly blurs
her placid and smiling face.
I will go away. I don't want
to call at your window. Spring
comes—its white clothing
floats in the wind of the dead plaza—
it comes to burn red
roses of your bushes. I want to see it.
□

The street in shadow. Tall houses hide
the dying sun; in balconies are echoes of light.

Do you see in the spell of the flowery window
the pink oval of a familiar face?

The image behind the distorting glass
looms or fades like an old daguerreotype.

In the street, only the patter of your step;
echoes of the sunset slowly burn out.

Agony! Pain hangs in my heart. Is it she?
It cannot be. Walk on. In the blue, a star.
□

Horizon

On an afternoon bright and wide as tedium,
when torrid summer brandishes its spear,

copiaban el fantasma de un grave sueño mío
mil sombras en teoría, enhiestas sobre el llano.

La gloria del ocaso era un purpúreo espejo,
era un cristal de llamas, que al infinito viejo
iba arrojando el grave soñar en la llanura . . .
Y yo sentí la espuela sonora de mi paso
repercutir lejana en el sangriento ocaso,
y más allá, la alegre canción de un alba pura.
□

a thousand abstract shadows, rampant on
the plain, copied the ghost of my grave dream.

The glory of the sunset was a purple mirror,
a flaming lens my nightmare of the plains
was hurling into the old infinity . . .
And I heard the echoing spur of my step
throb distantly in the bleeding sunset,
and beyond, the joyful song of a pure dawn.
□

Del Camino

Daba el reloj las doce . . . y eran doce
golpes de azada en tierra . . .
. . . ¡Mi hora!—grité—. . . . El silencio
me respondió: —No temas;
tú no verás caer la última gota
que en la clepsidra tiembla.

Dormirás muchas horas todavía
sobre la orilla vieja,
y encontrarás una mañana pura
amarrada tu barca a otra ribera.
□

Sobre la tierra amarga,
caminos tiene el sueño
laberínticos, sendas tortuosas,
parques en flor y en sombra y en silencio;

criptas hondas, escalas sobre estrellas;
retablos de esperanzas y recuerdos.
Figurillas que pasan y sonríen
—juguetes melancólicos de viejo—;

imágenes amigas,
a la vuelta florida del sendero,
y quimeras rosadas
que hacen camino . . . lejos . . .
□

Of the Road

The clock was striking twelve. It was
twelve shovel blows into the earth.
My hour's come! I screamed. The silence
answered: Don't be afraid.
You won't see the last drop fall,
which is trembling in the waterclock.

You still have many hours to sleep
on the old bank.
Then you will find—one pure morning—
your boat tied on another shore.
□

Over the bitter land
dream opens into labyrinths
of roads, tortuous paths,
parks in flower in shadow in silence,

deep crypts and stairways over stars,
retables of hopes and memories.
Tiny figures that pass by and smile
(melancholy toys of old),

friendly images
at the florid bend of the path,
and pink chimeras
that move along the road, distantly.
□

El sol es un globo de fuego,
la luna es un disco morado.

Una blanca paloma se posa
en el alto ciprés centenario.

Los cuadros de mirtos parecen
de marchito velludo empolvado.

¡El jardín y la tarde tranquila! . . .
Suena el agua en la fuente de mármol.
□

¡Oh figuras del atrio, más humildes
cada día y lejanas;
mendigos harapientos
sobre marmóreas gradas:

miserables ungidos
de eternidades santas,
manos que surgen de los mantos viejos
y de las rotas capas!

¿Pasó por vuestro lado
una ilusión velada,
de la mañana luminosa y fría
en las horas más plácidas? . . .

Sobre la negra túnica, su mano
era una rosa blanca . . .
□

Crece en la plaza en sombra
el musgo, y en la piedra vieja y santa
de la iglesia. En el atrio hay un mendigo . . .
Más vieja que la iglesia tiene el alma.

Sube muy lento, en las mañanas frías,
por la marmórea grada,

The sun is a globe of fire,
the moon is a purple disk.

A white dove perches
in a high centennial cypress.

The flowerbeds of myrtle seem
faded dusty velvet.

Garden and the quiet afternoon!
Water drips in the marble fountain.
□

O figures in the courtyard, more humble
and remote each day:
beggars in rags
on marble steps;

annointed wretches
of saintly eternities,
hands darting out of mantles
and torn capes!

Did a weak vision
come to you
of a luminous and cold morning
on the most peaceful day?

Their hand against the black tunic
was a white rose.
□

Moss grows in the shadowed plaza
and on the ancient sacred stone
of the church. In the portico a beggar
whose soul is older than the church.

On cold mornings he slowly climbs
the marble stairway

hasta un rincón de piedra . . . Allí aparece
su mano seca entre la rota capa.

Con las órbitas huecas de sus ojos
ha visto cómo pasan
las blancas sombras, en los claros días,
las blancas sombras de las horas santas.
□

Las ascuas de un crepúsculo morado
detrás del negro cipresal humean . . .
En la glorieta en sombra está la fuente
con su alado y desnudo Amor de piedra,
que sueña mudo. En la marmórea taza
reposa el agua muerta.
□

¿Mi Amor? . . . ¿Recuerdas, dime,
aquellos juncos tiernos,
lánguidos y amarillos
que hay en el cauce seco? . . .

¿Recuerdas la amapola
que calcinó el verano,
la amapola marchita,
negro crespón del campo? . . .

¿Te acuerdas del sol yerto
y humilde, en la mañana,
que brilla y tiembla roto
sobre una fuente helada? . . .
□

Al borde del sendero un día nos sentamos.
Ya nuestra vida es tiempo, y nuestra sola cuita
son las desesperantes posturas que tomamos
para aguardar . . . Mas Ella no faltará a la cita.
□

up to a granite corner. There,
his dry hand appears beneath a torn cape.

Through the hollow sockets of his eyes
he has seen how the white shadows
pass by on bright days,
the white shadows of the holy hours.
□

The red fire of a violet twilight
smokes behind the cypress grove.
By the shaded summerhouse is the fountain
with its winged and naked stone Cupid
dreaming mutely. In the marble basin
dead water is resting.
□

My love, tell me, do you remember
those tender rushes,
languid and yellow
in the dry river bed?

Do you remember the poppy
which the summer scorched,
the withered poppy,
black crepe of the fields?

Do you remember the sun,
stark, humble in the morning,
that shines and trembles broken
over a frozen fountain?
□

One day we sat down by the road to wait.
Now our life is time, and our obsession
is the despairing postures we take on,
waiting for Her. But She will not be late.
□

Es una forma juvenil que un día
a nuestra casa llega.
Nosotros le decimos: ¿por qué tornas
a la morada vieja?
Ella abre la ventana, y todo el campo
en luz y aroma entra.
En el blanco sendero,
los troncos de los árboles negrean;
las hojas de sus copas
son humo verde que a lo lejos sueña.
Parece una laguna
el ancho río entre la blanca niebla
de la mañana. Por los montes cárdenos
camina otra quimera.
□

A young face one day appears
before our house.
We tell her: why do you return
to the old home?
She opens a window and all the fields
in light and fragrance waft inside.
On the white path
the tree trunks grow black;
the top leaves
are green smoke dreaming far away.
Like a pond
is the broad river in the white mist
of morning. Across the livid mountains
goes another chimera.
□

Canciones

El casco roído y verdoso
del viejo falucho
reposa en la arena . . .
La vela tronchada parece
que aún sueña en el sol y en el mar.

El mar hierve y canta . . .
El mar es un sueño sonoro
bajo el sol de abril.
El mar hierve y ríe
con olas azules y espumas de leche y de platas,
el mar hierve y ríe
bajo el cielo azul.
El mar lactescente,
el mar rutilante,
que ríe en sus liras de plata sus risas azules . . .
¡Hierve y ríe el mar! . . .

El aire parece que duerme encantado
en la fúlgida niebla de sol blanquecino.
La gaviota palpita en el aire dormido, y al lento
volar soñoliento, se aleja y se pierde en la bruma del sol.
□

El sueño bajo el sol que aturde y ciega,
tórrido sueño en la hora de arrebol;
el río luminoso el aire surca;
esplende la montaña;
la tarde es polvo y sol.

Songs

The green corroded hulk
of the old sloop
rests in sand.
Its punctured sail still seems
to dream in the sun and the sea.

The sea boils and sings.
Under the April sun
the sea is a sonorous dream.
The sea boils and laughs
in blue waves and foams of milk and silver,
the sea boils and laughs
under the blue sky.
The lactescent sea,
the sparkling sea
laughing its blue laugh on silver lyres.
The sea boils and laughs!

The air seems to sleep bewitched
in the glaring mist of whitish sun.
A gull throbs in the sleeping air, and in slow
drowsy flight moves away and fades in the hazy sun.
□

The dream below the sun that stuns and blinds,
torrid dream at the hour of reddening sky.
The wind furrows the luminous river;
mountains are ablaze;
the afternoon is dust and sun.

El sibilante caracol del viento
ronco dormita en el remoto alcor;
emerge el sueño ingrave en la palmera,
luego se enciende en el naranjo en flor.

La estúpida cigüeña
su garabato escribe en el sopor
del molino parado: el toro abate
sobre la hierba la testuz feroz.

La verde, quieta espuma del ramaje
efunde sobre el blanco paredón,
lejano inerte, del jardín sombrío,
dormido bajo el cielo fanfarrón.

Lejos, enfrente de la tarde roja,
refulge el ventanal del torreón.

□

A hissing conch of husky wind
dozes in the remote ridge;
a light dream rises from the date palm,
then burns in the florid orange tree.

A torpid stork
inscribes a pothook in the drowsiness
of the halted mill; the bull flattens
his savage head in the grass.

Green quiet foam of foliage
effuses over a thick white wall;
far, inert, the garden in shadow,
asleep under the fanfaron sky.

Distantly, against the red afternoon,
windows in the great tower glitter.
□

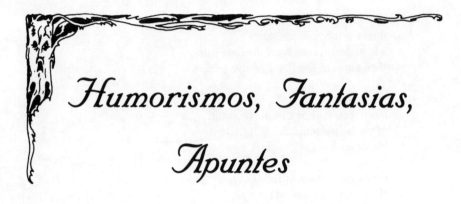

Humorismos, Fantasias, Apuntes

El cadalso

La aurora asomaba
lejana y siniestra.

El lienzo de oriente
sangraba tragedias,
pintarrajeadas
con nubes grotescas.

En la vieja plaza
de una vieja aldea,
erguía su horrible
pavura esquelética
el tosco patíbulo
de fresca madera . . .

La aurora asomaba
lejana y siniestra.
□

Jardín

Lejos de tu jardín quema la tarde
inciensos de oro en purpurinas llamas,
tras el bosque de cobre y de ceniza.

Humor, Fantasies, Notes

The gallows

Dawn crept in
remote and evil.

The canvas of the Orient
was bleeding tragedies
daubed and splashed
with grotesque clouds.

In the old plaza
of an old village
the rough scaffold
of raw lumber
thrust up its horrible
skeletal dread.

Dawn crept in
remote and evil.
□

Garden

Far from your garden the afternoon
burns incense of gold in purple flames
behind the copper and ashen woods.

En tu jardín hay dalias.
¡Malhaya tu jardín! . . . Hoy me parece
la obra de un peluquero,
con esa pobre palmerilla enana,
y ese cuadro de mirtos recortados . . . ,
y el naranjito en su tonel . . . El agua
de la fuente de piedra
no cesa de reír sobre la concha blanca.
□

Los sueños malos

Está la plaza sombría;
muere el día.
Suenan lejos las campanas.

De balcones y ventanas
se iluminan las vidrieras,
con reflejos mortecinos,
como huesos blanquecinos
y borrosas calaveras.

En toda la tarde brilla
una luz de pesadilla.

Está el sol en el ocaso.
Suena el eco de mi paso.

—¿Eres tú? Ya te esperaba . . .
—No eras tú a quien yo buscaba.
□

Sonaba el reloj la una,
dentro de mi cuarto. Era
triste la noche. La luna,
reluciente calavera,

ya del cenit declinando,
iba del ciprés del huerto

In your garden are dahlias.
A curse on your garden! Today it's like
the work of a barber,
with that poor dwarfish palm tree,
that shaven bed of myrtle,
and the tiny orange tree in its barrel. The water
of the stone fountain
never stops laughing over the white shell.
□

The bad dreams

The plaza in shadow,
the day is dying.
Bells sound in the distance.

The glass of balconies
and windows lights up
with deathly reflections
like whitish bones
and murky skulls.

Through the dusk flows
a light of nightmare.

The sun is on the horizon.
The echo of my step resounds.

Is it you? I was waiting for you.
It wasn't you I was looking for.
□

The clock was clanging one
o'clock in my room.
O sad night! The shiny
skull of the moon

dropped from its zenith
to the cypress in the old

fríamente iluminando
el alto ramaje yerto.

Por la entreabierta ventana
llegaban a mis oídos
metálicos alaridos
de una música lejana.

Una música tristona,
una mazurca olvidada,
entre inocente y burlona,
mal tañida y mal soplada.

Y yo sentí el estupor
del alma cuando bosteza
el corazón, la cabeza,
y . . . morirse es lo mejor.
□

Glosa

Nuestras vidas son los ríos
que van a dar a la mar,
que es el morir.   ¡Gran cantar!

Entre los poetas míos
tiene Manrique un altar.

Dulce goce de vivir:
mala ciencia del pasar,
ciego huir a la mar.

Tras el pavor del morir
está el placer de llegar.

¡Gran placer!
Mas ¿y el horror de volver?
¡Gran pesar!
□

orchard. Tall stiff branches
were fiery and cold.

Reaching my ears
through the window ajar
was a metalic
howling music, a far

music of brassy sadness,
a mazurka of the past,
innocent and burlesque,
poorly played and crass.

And I felt the soul's stupor
when my heart in its chest
is bored and yawning,
and to die seems best.
□

Gloss

*Our lives are the rivers
that will open on the sea,
which is our dying.* Great song!

Among all my poets
Manrique has an altar.

Sweet delight of living:
evil science of dying,
blind flight to the sea.

Beyond the fear of dying
is the joy of arriving.

Great joy!
But the horror of returning?
Great gloom!
□

Galerías

Desgarrada la nube; el arco iris
brillando ya en el cielo,
y en un fanal de lluvia
y sol el campo envuelto.

Desperté. ¿Quién enturbia
los mágicos cristales de mi sueño?
Mi corazón latía
atónito y disperso.

. . . ¡El limonar florido,
el cipresal del huerto,
el prado verde, el sol, el agua, el iris . . . ,
¡el agua en tus cabellos! . . .

Y todo en la memoria se perdía
como una pompa de jabón al viento.
□

Y era el demonio de mi sueño, el ángel
más hermoso. Brillaban
como aceros los ojos victoriosos,
y las sangrientas llamas
de su antorcha alumbraron
la honda cripta del alma.

—¿Vendrás conmigo? —No, jamás; las tumbas
y los muertos me espantan.
Pero la férrea mano
mi diestra atenazaba.

Galleries

The torn cloud, the rainbow
shining now in the sky,
and the fields wrapped
in a beacon of sun and rain.

I awoke. Who is obscuring
the magic crystals of my dream?
My heart was beating,
aghast and bewildered.

—The lemon grove in blossom,
cypresses in the orchard,
green meadow, sun, water, rainbow.
The water in your hair!—

And all in my memory was lost
like a soap bubble in the wind.
□

He was the devil of my dreams, the handsomest
angel. Like bright steel
his victorious eyes shone,
and the bloody flames
from his torch lighted
the deep crypt of my soul.

"Will you come with me?" "Never. Tombs
and the dead terrify me."
But the iron hand
tore into my right arm.

—Vendrás conmigo ... . Y avancé en mi sueño,
cegado por la roja luminaria.
Y en la cripta sentí sonar cadenas
y rebullir de fieras enjauladas.
□

Desde el umbral de un sueño me llamaron . . .
Era la buena voz, la voz querida.

—Dime: ¿vendrás conmigo a ver el alma? . . .
Llegó a mi corazón una caricia.

—Contigo siempre . . . Y avancé en mi sueño
por una larga, escueta galería,
sintiendo el roce de la veste pura
y el palpitar suave de la mano amiga.
□

La casa tan querida
donde habitaba ella,
sobre un montón de escombros arruinada
o derruida, enseña
el negro y carcomido
mal trabado esqueleto de madera.

La luna está vertiendo
su clara luz en sueños que platea
en las ventanas. Mal vestido y triste,
voy caminando por la calle vieja.
□

Tarde tranquila, casi
con placidez de alma,
para ser joven, para haberlo sido
cuando Dios quiso, para
tener algunas alegrías . . . lejos
y poder dulcemente recordarlas.
□

"You will come with me." And in my dream I went
forward, blinded by his red lantern.
And in the crypt I heard ringing chains
and the rumbling of imprisoned beasts.
□

From the border of a dream they called me.
It was the good voice, the beloved voice.

"Tell me, will you come with me to see the soul?"
A tenderness struck my heart.

"With you always." And in my dream I went forward
through a long solitary gallery,
feeling the graze of her pure garments
and the soft quivering of her friendly hand.
□

The house I loved
where she lived
is now a collapsing skeleton of wood,
black and eaten
by termites,
on a mound of debris.

The moon is pouring
its bright rays, in dreams, filming silver
on the windows. Shabby and sad
I am walking in the old street.
□

Peaceful afternoon, almost
placid like a soul.
To be young, to have been young
when God willed it, to
have been happy . . . far,
and to be able, tenderly, to remember it.
□

¡Oh tarde luminosa!
El aire está encantado.
La blanca cigüeña
dormita volando,
y las golondrinas se cruzan, tendidas
las alas agudas al viento dorado,
y en la tarde risueña se alejan
volando, soñando . . .

Y hay una que torna como la saeta,
las alas agudas tendidas al aire sombrío,
buscando su negro rincón del tejado.

La blanca cugueña,
como un garabato,
tranquila y disforme, ¡tan disparatada!,
sobre el campanario.
□

Es una tarde cenicienta y mustia,
destartalada, como el alma mía;
y es esta vieja angustia
que habita mi usual hipocondría.

La causa de esta angustia no consigo
ni vagamente comprender siquiera;
pero recuerdo y, recordando, digo:
—Sí, yo era niño, y tú, mi compañera.

                    *

Y no es verdad, dolor, yo te conozco,
tú eres nostalgia de la vida buena,
y soledad de corazón sombrío,
de barco sin naufragio y sin estrella.

Como perro olvidado que no tiene
huella ni olfato y yerra
por los caminos, sin camino, como
el niño que en la noche de una fiesta

O luminous afternoon!
The air is enchanted.
The white stork
dozes in flight.
Swallows crisscross, their sharp wings
spread in the gold wind,
and in the smiling afternoon they grow far,
flying, dreaming.

And one bird turns like an arrow,
its wings pointed in the darkening air,
seeking its black corner in the tile roof.

The white stork,
quiet and deformed,
like a pothook scrawled absurdly
over the belltower.
□

It is an ashen and musty evening,
confused like my soul;
and once again the zone of this old anguish
which my usual hypochondria inhabits.

The cause of this dejection I cannot tell,
nor even vaguely understand,
but I remember and remembering I say:
Yes, I was a child and you my companion.

                    *

And it isn't true, sorrow, I know you;
you are the longing for the good life,
the loneliness of the dark heart,
of the ship drifting beyond disaster or star.

Like a stray dog leaving no track
or smell; and roaming
about the roads, aimless, like
the child on carnival night,

se pierde entre el gentío
y el aire polvoriento y las candelas
chispeantes, atónito, y asombra
su corazón de música y de pena,

así voy yo, borracho melancólico,
guitarrista lunático, poeta,
y pobre hombre en sueños,
siempre buscando a Dios entre la niebla.
□

¿Y ha de morir contigo el mundo mago
donde guarda el recuerdo
los hálitos más puros de la vida,
la blanca sombra del amor primero,

la voz que fue a tu corazón, la mano
que tú querías retener en sueños,
y todos los amores
que llegaron al alma, al hondo cielo?

¿Y ha de morir contigo el mundo tuyo,
la vieja vida en orden tuyo y nuevo?
¿Los yunques y crisoles de tu alma
trabajan para el polvo y para el viento?
□

Desnuda está la tierra,
y el alma aúlla al horizonte pálido
como loba famélica. ¿Qué buscas,
poeta, en el ocaso?

Amargo caminar, porque el camino
pesa en el corazón. ¡El viento helado,
y la noche que llega, y la amargura
de la distancia! . . . En el camino blanco

algunos yertos árboles negrean;
en los montes lejanos
hay oro y sangre . . . El sol murió . . . ¿Qué buscas,
poeta, en el ocaso?
□

lost in the crowd,
who, as candles flicker in the dusty wind,
is aghast and whose heart blackens
under music and pain,

so I go about, a melancholy drunk,
a moonstruck guitarist, a poet
and poor man in dreams,
searching always for God through the haze.
□

And will that spellbound world die with you
where memory holds
those breaths, the purest in your life,
the white shadow of your first love,

the voice that went to your heart, the hand
you wanted to hold in dream,
and every love
that touched your soul, the profound sky?

Is your world to die with you,
the old life for some new order?
The anvils and crucibles of your soul,
do they labor only for dust and the wind?
□

Naked is the earth,
and the soul howls to the pale horizon
like a famished wolf. What do you seek,
poet, in the sunset?

Bitter walking, for the road
weighs on the heart. The frozen wind
and coming night, and the bitterness
of distance! On the white road

a few stiff trees blacken;
in the far mountains
are gold and blood. The sun died. What do you seek,
poet, in the sunset?
□

Campo

La tarde está muriendo
como un hogar humilde que se apaga.

Allá, sobre los montes,
quedan algunas brasas.

Y ese árbol roto en el camino blanco
hace llorar de lástima.

¡Dos ramas en el tronco herido, y una
hoja marchita y negra en cada rama!

¿Lloras? . . . Entre los álamos de oro,
lejos, la sombra del amor te aguarda.
□

En medio de la plaza y sobre tosca piedra,
el agua brota y brota. En el cercano huerto
eleva, tras el muro ceñido por la hiedra,
alto ciprés la mancha de su ramaje yerto.

La tarde está cayendo frente a los caserones
de la ancha plaza en sueños. Relucen las vidrieras
con ecos mortecinos de sol. En los balcones
hay formas que parecen confusas calaveras.

La calma es infinita en la desierta plaza,
donde pasea el alma su traza de alma en pena.
El agua brota y brota en la marmórea taza.
En todo el aire en sombra no más que el agua suena.
□

Fields

The afternoon is dying
like a humble hearth burning out.

There above the mountains
a few coals remain.

The fractured tree on the white road
moves one to pity.

Two branches on the wounded trunk, each
with a black and withered leaf!

Are you crying? Amid the golden aspens,
far away, love's shadow waits for you.
□

Over coarse rock in the middle of the square,
water drips and drips. In the nearby grove a tall
cypress tree, behind an ivy-girded wall,
lifts a stain of rigid branches in the air.

The afternoon is falling into dreams, a lull
before the large houses in the plaza. Windows glare
with macabre echoes of the sun; forms stare
from balconies and fade like blurring skulls.

Across the barren plaza endless calm abounds
where the soul trails the outline of a tortured soul.
Water drips and drips in the marble bowl.
In all the air in shadow, only water sounds.
□

Varia

Sol de invierno

Es mediodía. Un parque.
Invierno. Blancas sendas;
simétricos montículos
y ramas esqueléticas.

Bajo el invernadero,
naranjos en maceta,
y en su tonel, pintado
de verde, la palmera.

Un viejecillo dice,
para su capa vieja:
"¡El sol, esta hermosura
de sol! ..." Los niños juegan.

El agua de la fuente
resbala, corre y sueña
lamiendo, casi muda,
la verdinosa piedra.
□

Miscellaneous

Winter sun

It is midday. A park.
Winter and white paths;
symmetric monticules
and skeletal branches.

Under the hothouse glass,
orange trees in pots;
and in a barrel painted
green, the palm tree.

A little old man says
to his shabby cape:
"The sun, the sun's
beauty!" Children play.

Water in the fountain
slides, races and dreams,
licking the green mossy
stone. Almost silently.
□

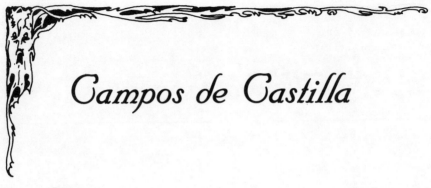

Campos de Castilla

Retrato

Mi infancia son recuerdos de un patio de Sevilla,
y un huerto claro donde madura el limonero;
mi juventud, veinte años en tierra de Castilla;
mi historia, algunos casos que recordar no quiero.

Ni un seductor Mañara, ni un Bradomín he sido
—ya conocéis mi torpe aliño indumentario—,
mas recibí la flecha que me asignó Cupido,
y amé cuanto ellas pueden tener de hospitalario.

Hay en mis venas gotas de sangre jacobina,
pero mi verso brota de manantial sereno;
y, más que un hombre al uso que sabe su doctrina,
soy, en el buen sentido de la palabra, bueno.

Adoro la hermosura, y en la moderna estética
corté las viejas rosas del huerto de Ronsard:
mas no amo los afeites de la actual cosmética,
ni soy un ave de esas del nuevo gay-trinar.

Desdeño las romanzas de los tenores huecos
y el coro de los grillos que cantan a la luna.
A distinguir me paro las voces de los ecos,
y escucho solamente, entre las voces, una.

¿Soy clásico o romántico? No sé. Dejar quisiera
mi verso, como deja el capitán su espada:
famosa por la mano viril que la blandiera,
no por el docto oficio del forjador preciada.

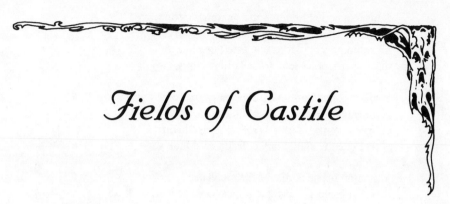

Fields of Castile

Portrait

My childhood is memories of a patio in Seville
and a bright orchard where lemon trees ripen;
my youth, twenty years on the soil of Castile;
my life, a few events as well forgotten.

Not a seducing Mañara, nor a Bradomín—
by now you know my plain, almost monkish dress—
yet I was struck by Cupid's dart; have been
in love wherever I found welcomeness.

Coursing my veins are drops of Jacobinic blood,
but my poetry springs from a serene fountain;
and more than an upright man who knows his doctrine,
I am, in the good meaning of the word, good.

I love beauty, and true to modern esthetics
have cut old roses from the garden of Ronsard,
but I dislike the rouge of current cosmetics,
and am no chirping bird in the latest garb.

I disdain the ballads of those tenors hollow
like the choir of crickets singing to the moon.
I stop to note the voices from the echoes
and listen, among the voices, to one alone.

Am I classic or romantic? I do not know.
I would leave my verse as a captain his blade:
known for the manly hand that made it glow,
not for the smithy's famous mark or trade.

Converso con el hombre que siempre va conmigo
—quien habla solo espera hablar a Dios un día—;
mi soliloquio es plática con este buen amigo
que me enseñó el secreto de la filantropía.

Y al cabo, nada os debo; debéisme cuanto he escrito.
A mi trabajo acudo, con mi dinero pago
el traje que me cubre y la mansión que habito,
el pan que me alimenta y el lecho en donde yago.

Y cuando llegue el día del último viaje,
y esté al partir la nave que nunca ha de tornar,
me encontraréis a bordo, ligero de equipaje,
casi desnudo, como los hijos de la mar.
□

A orillas del duero

Mediaba el mes de julio. Era un hermoso día.
Yo, solo, por las quiebras del pedregal subía,
buscando los recodos de sombra, lentamente.
A trechos me paraba para enjugar mi frente
y dar algún respiro al pecho jadeante;
o bien, ahincando el paso, el cuerpo hacia adelante
y hacia la mano diestra vencido y apoyado
en un bastón, a guisa de pastoril cayado,
trepaba por los cerros que habitan las rapaces
aves de altura, hollando las hierbas montaraces
de fuerte olor—romero, tomillo, salvia, espliego—.
Sobre los agrios campos caía un sol de fuego.

Un buitre de anchas alas con majestuoso vuelo
cruzaba solitario el puro azul del cielo.
Yo divisaba, lejos, un monte alto y agudo,
y una redonda loma cual recamado escudo,
y cárdenos alcores sobre la parda tierra
—harapos esparcidos de un viejo arnés de guerra—,
las serrezuelas calvas por donde tuerce el Duero
para formar la corva ballesta de un arquero
en torno a Soria. —Soria es una barbacana
hacia Aragón, que tiene la torre castellana—.

I chat with the man going with me to the end—
who speaks alone, hopes to speak with God one day;
my soliloquy is talk with that good friend
who showed me the secret philanthropic way.

In the end I owe you nothing. For what I write
you owe *me*. I work and pay for the house I rent,
the clothes that cover me, my bed at night,
and the plain bread that gives me nourishment.

And when the day for my final trip arrives,
and the ship, never to return, is set to leave,
you will find me on board with scant supplies,
almost naked, like the children of the sea.
□

The banks of the Duero

It was near mid-July. A handsome day.
Alone, through broken stones I made my way,
slowly searching out corners of shadow.
At intervals I stopped to dry my brow
and give some respite to my heaving chest;
or else, forcing my step, forward my body pressed
up toward the right, exhausted, and I took
a leaning stick, a kind of shepherd's crook,
and scaling hills under the soaring birds
of prey, I trod strong—smelling mountain herbs—
rosemary, sage, lavender and thyme.
Falling on bitter fields: a sun of flame.

A wide-winged vulture in majestic flight
was crossing solitary through blue light.
I discerned a sharp peak beyond far fields,
and a round hill like an embroidered shield,
and scarlet slopes over the grayish soil—
scattered rags of an ancient coat of mail—
the small bald mountains where the Duero swerves
to realize an archer's crossbow curve
around Soria. Soria is a chain of power
linked to Aragon by its Castilian towers.

Veía el horizonte cerrado por colinas
oscuras, coronadas de robles y de encinas;
desnudos peñascales, algún humilde prado
donde el merino pace y el toro, arrodillado
sobre la hierba, rumia; las márgenes del río
lucir sus verdes álamos al claro sol de estío,
y, silenciosamente, lejanos pasajeros,
¡tan disminutos!   —carros, jinetes y arrieros—,
cruzar el largo puente, y bajo las arcadas
de piedra ensombrecerse las aguas plateadas
del Duero.

       El Duero cruza el corazón de roble
de Iberia y de Castilla.

       ¡Oh, tierra triste y noble,
la de los altos llanos y yermos y roquedas,
de campos sin arados, regatos ni arboledas;
decrépitas ciudades, caminos sin mesones,
y atónitos palurdos sin danzas ni canciones
que aún van, abandonando el mortecino hogar,
como tus largos ríos, Castilla, hacia la mar!

Castilla miserable, ayer dominadora,
envuelta en sus andrajos desprecia cuanto ignora.
¿Espera, duerme o sueña? ¿La sangre derramada
recuerda, cuando tuvo la fiebre de la espada?
Todo se mueve, fluye, discurre, corre o gira;
cambian la mar y el monte y el ojo que los mira.
¿Pasó? Sobre sus campos aún el fantasma yerra
de un pueblo que ponía a Dios sobre la guerra.

La madre en otro tiempo fecunda en capitanes,
madrastra es hoy apenas de humildes ganapanes.
Castilla no es aquélla tan generosa un día,
cuando Myo Cid Rodrigo el de Vivar volvía,
ufano de su nueva fortuna y su opulencia,
a regalar a Alfonso los huertos de Valencia;
o que, tras la aventura que acreditó sus bríos,
pedía la conquista de los inmensos ríos
indianos a la corte, la madre do soldados,
guerreros y adalides que han de tornar, cargados
de plata y oro, a España, en regios galeones,
para la presa cuervos, para la lid leones.

I saw the horizon enclosed by shadowy knolls
and rimmed with northern and evergreen oaks;
denuded cliffsides and a humble green
where the merinos graze and the bull on its knees
broods in the grass; the borders of the river
where clear summer sun lights the green poplars;
and, silently some distant travelers,
so minute!—carts, riders and muleteers—
cross the long bridge; and under the arcades
of stone, waters of the Duero in the dark shades
of silver.

          The Duero crosses the oaken heart
of Iberia and Castile.
              O land apart,
sad and noble: high plains, wastelands and stone,
terrain without plow or streams, treeless zones,
decrepit cities, roads without inns, and throngs
of stupefied peasants, without dance or song,
who from their dying hearths still break free,
like your long rivers, Castile, toward the sea!

Miserable Castile, triumphant yesterday,
clad in its rags, disdaining the unknown way.
Does she hope, sleep or dream? Recall the sword?
All moves, flows, turns or races by;
sea and mountain change as well as judging eye.
Is it gone? Over fields the ghost still soars
of a people who placed God above their wars.

The mother formerly a source of captains
is now a stepmother of lowly urchins.
Castile no longer is that generous state
of Myo Cid who rode with haughty gait,
proud of his opulence and new commands,
endowing Alfonso with Valencian lands;
or those whose courage gained them famed report,
who begged the mother of soldiers, the royal court,
to conquer the enormous Indian rivers,
warriors and leaders who came back, deliver-
ing silver and gold to Spain in regal galleons—
for booty, ravens, and for battle, lions.

Filósofos nutridos de sopa de convento
contemplan impasibles el amplio firmamente;
y si les llega en sueños, como un rumor distante,
clamor de mercaderes de muelles de Levante,
no acudirán siquiera a preguntar ¿qué pasa?
Y ya la guerra ha abierto las puertas de su casa.

Castilla miserable, ayer dominadora,
envuelta en sus harapos desprecia cuanto ignora.

El sol va declinando. De la ciudad lejana
me llega un armonioso tañido de campana
——ya irán a su rosario las enlutadas viejas—.
De entre las peñas salen dos lindas comadrejas;
me miran y se alejan, huyendo, y aparecen
de nuevo, ¡tan curiosas! . . . Los campos se oscurecen.
Hacia el camino blanco está el mesón abierto
al campo ensombrecido y al pedregal desierto.
□

El hospicio

Es el hospicio, el viejo hospicio provinciano,
el caserón ruinoso de ennegrecidas tejas
en donde los vencejos anidan en verano
y graznan en las noches de invierno las cornejas.

Con su frontón al norte, entre los dos torreones
de antigua fortaleza, el sórdido edificio
de grietados muros y sucios paredones,
es un rincón de sombra eterna. ¡El viejo hospicio!

Mientras el sol de enero su débil luz envía,
su triste luz velada sobre los campos yermos,
a un ventanuco asoman, al declinar el día,
algunos rostros pálidos, atónitos y enfermos,

a contemplar los montes azules de la sierra;
o, de los cielos blancos, como sobre una fosa,
caer la blanca nieve sobre la fría tierra,
¡sobre la tierra fría la nieve silenciosa! . . .
□

Philosophers who fed on convent salt
ponder impassively the starry vault,
and if as a far rumble in dreams they hear
merchants shouting from the Levantine piers,
they will not even try to ask their fate.
The war is in the house, has breached the gate.

Miserable Castile, triumphant yesterday,
clad in its rags, disdaining the unknown way.

The sun is setting. From the distant town
I hear the bells harmoniously resound:
old women in black mourning now intone
their Rosary. Two weasels slip between big stones,
see me, run off, and gaping, reappear.
The fields are fading on the somber sphere.
Along the white road an inn, open, alone,
faces the darkened fields and desert stone.
□

The poorhouse

The poorhouse, the old provincial poorhouse,
the great ruined home of blackened tiles,
where in summer martins make their nest
and crows call out through winter nights.

With its northern gable set between two ancient
fortress turrets, the sordid building,
now with crackled rooms and grimy outer walls,
is a corner of eternal shadow. Old poorhouse!

While January sun sends out its feeble rays—
a sad cloudy light over barren fields—
as day falls away, some pallid faces
gape in narrow windows, spellbound and sick,

pondering the blue mountains of the range
or the white snow falling on the cold earth
from the white skies, as onto a grave;
over the cold earth the silent snow!
□

En abril, las aguas mil

Son de abril las aguas mil.
Sopla el viento achubascado,
y entre nublado y nublado
hay trozos de cielo añil.

Agua y sol. El iris brilla.
En una nube lejana,
zigzaguea
una centella amarilla.

La lluvia da en la ventana
y el cristal repiquetea

A través de la neblina
que forma la lluvia fina,
se divisa un prado verde,
y un encinar se esfumina,
y una sierra gris se pierde.

Los hilos del aguacero
sesgan las nacientes frondas
y agitan las turbias ondas
en el remanso del Duero.

Lloviendo está en los habares
y en las pardas sementeras;
hay sol en los encinares,
charcos por las carreteras.

Lluvia y sol. Ya se obscurece
el campo, ya se ilumina;
allí un cerro desparece,
allá surge una colina.

Ya son claros, ya sombríos
los dispersos caseríos,
los lejanos torreones.

Hacia la tierra plomiza
van rodando en pelotones
nubes de guata y ceniza.
□

In April the thousand waters

In April come the thousand waters.
The wind blows in squalls.
Amid the great hills of clouds
are patches of indigo sky.

Water and sun. The rainbow shines.
In a far cloud
zigzags
a yellow thread of lightning.

Rain patters on the window
and the glass chimes.

Through the mist
formed by the fine drizzle,
a green meadow emerges
and an oak forest blurs,
a gray mountain ridge is lost.

Threads of the downpour
slant the newborn fronds
and stir up turbid waves
in dead waters of the Duero.

It is raining on the bean fields
and on the brown seeded lands;
sunlight through the oaks,
puddles on the highways.

Rain and sun. Now the fields
darken, now brighten.
Here a mound disappears,
there a hill breaks into light.

The scattered hamlets
and distant turrets
are clear, are dark.

Toward the mountains of lead,
clouds of raw cotton and ash
are rolling like huge globes.
□

Amanecer de otoño

A Julio Romero de Torres.

Una larga carretera
entre grises peñascales,
y alguna humilde pradera
donde pacen negros toros. Zarzas, malezas, jarales.

Está la tierra mojada
por las gotas del rocío,
y la alameda dorada,
hacia la curva del río.

Tras los montes de violeta
quebrado el primer albor;
a la espalda la escopeta,
entre sus galgos agudos, caminando un cazador.
□

Noche de verano

Es una hermosa noche de verano.
Tienen las altas casas
abiertos los balcones
del viejo pueblo a la anchurosa plaza.
En el amplio rectángulo desierto,
bancos de piedra, evónimos y acacias
simétricos dibujan
sus negras sombras en la arena blanca.
En el cenit, la luna, y en la torre,
la esfera del reloj iluminada.
Yo en este viejo pueblo paseando
solo, como un fantasma.
□

Autumn dawning

For Julio Romero de Torres

A long highway
between gray cliffsides,
and a lowly meadow
where black bulls graze. Blackberries, thickets, rockroses.

The earth is wet
with points of dew,
aspen rows are golden
near the river bend.

Behind the violet forests
first dawn is breaking;
on his shoulder a shotgun,
between his nimble hounds, a hunter walking.
□

Summer night

A beautiful summer night.
the tall houses leave
their balcony shutters open
to the wide plaza of the old village.
In the large deserted square,
stone benches, burning bush and acacias
trace their black shadows
symmetrically on the white sand.
In its zenith, the moon; in the tower,
the clock's illuminated globe.
I walk through this ancient village,
alone, like a ghost.
□

Campos de Soria

I

Es la tierra de Soria árida y fría.
Por las colinas y las sierras calvas,
verdes pradillos, cerros cenicientos,
la primavera pasa
dejando entre las hierbas olorosas
sus diminutas margaritas blancas.

La tierra no revive, el campo sueña.
Al empezar abril está nevada
la espalda del Moncayo;
el caminante lleva en su bufanda
envueltos cuello y boca, y los pastores
pasan cubiertos con sus luengas capas.
□

II

Las tierras labrantías,
como retazos de estameñas pardas,
el huertecillo, el abejar, los trozos
de verde oscuro en que el merino pasta,
entre plomizos peñascales, siembran
el sueño alegre de infantil Arcadia.
En los chopos lejanos del camino,
parecen humear las yertas ramas
como un glauco vapor—las nuevas hojas—
y en las quiebras de valles y barrancas
blanquean los zarzales florecidos
y brotan las violetas perfumadas.
□

Fields of Soria

I

Cold and arid land of Soria.
Through the hillocks and barren mountains,
small green meadows and ash-colored hills,
spring passes,
leaving between redolent herbs
its tiny white daisies.

The land lies unrevived, the fields dream.
In early April the shoulders
of Moncayo are heavy with snow;
the walker wraps his scarf
around his mouth and neck,
and shepherds pass in trailing capes.
□

II

Arable land,
like cuttings of brown serge—
small orchard, beehives, bits
of dark green where the merino sheep graze
between leaden, rocky slopes—seeds
the joyful dream of a childlike Arcadia.
In far black poplar trees by the road
the rigid branches seem to fume
new leaves in a glaucous vapor,
and at the openings of valleys and ravines
berry bushes whiten
and scented violets bloom.
□

III

Es el campo undulado, y los caminos
ya ocultan los viajeros que cabalgan
en pardos borriquillos,
ya al fondo de la tarde arrebolada
elevan las plebeyas figurillas,
que el lienzo de oro del ocaso manchan.
Mas si trepáis a un cerro y veis el campo
desde los picos donde habita el águila,
son tornasoles de carmín y acero,
llanos plomizos, lomas plateadas,
circuidos por montes de violeta,
con las cumbres de nieve sonrosada.
□

IV

¡Las figuras del campo sobre el cielo!
Dos lentos bueyes aran
en un alcor, cuando el otoño empieza,
y entre las negras testas doblegadas
bajo el pesado yugo,
pende un cesto de juncos y retama,
que es la cuna de un niño;
y tras la yunta marcha
un hombre que se inclina hacia la tierra,
y una mujer que en las abiertas zanjas
arroja la semilla.
Bajo una nube de carmín y llama,
en el oro fluido y verdinoso
del poniente, las sombras se agigantan.
□

VI

¡Soria fría, *Soria pura,*
cabeza de Extremadura,

III

Rolling fields: the roads
now hide the travelers riding
on tiny brown donkeys;
already at the scarlet rim of afternoon
plebeian little figures rise,
staining the gold linen of the sunset.
But if you climb a hill and gaze across the fields
from peaks where the eagle lives,
you will see sunflowers of steel and carmine,
leaden plains and silver slopes,
circled by violet mountains
with summits of rose-tinted snow.
□

IV

Figures in the field against the sky!
Two slow oxen plowing
a knoll in early autumn:
between the black heads
bent below the heavy yoke
hangs a basket made of broom and reeds—
a child's cradle.
Behind the team
a man plods, leaning toward the earth;
a woman
throws seed in open furrows.
Under a cloud of crimson and flame,
in the greenish liquid gold
of sunset, the shadows grow gigantic.
□

VI

Cold Soria! *Pure Soria,*
headland of Estremadura,

con su castillo guerrero
arruinado, sobre el Duero;
con sus murallas roídas
y sus casas denegridas!

¡Muerta ciudad de señores,
soldados o cazadores;
de portales con escudos
de cien linajes hidalgos,
y de famélicos galgos,
de galgos flacos y agudos,
que pululan
por las sórdidas callejas,
y a la medianoche ululan
cuando graznan las cornejas!

¡Soria fría!   La campana
de la Audiencia da la una.
Soria, ciudad castellana
¡tan bella! bajo la luna.
□

VII

¡Colinas plateadas,
grises alcores, cárdenas roquedas
por donde traza el Duero
su curva de ballesta
en torno a Soria, obscuros encinares,
ariscos pedregales, calvas sierras,
caminos blancos y álamos del río,
tardes de Soria, mística y guerrera,
hoy siento por vosotros, en el fondo
del corazón, tristeza,
tristeza que es amor! ¡Campos de Soria
donde parece que las rocas sueñan,
conmigo vais! ¡Colinas plateadas,
grises alcores, cárdenas roquedas!
□

with the warrior castle
in ruin beside the Duero;
with crumbling walls
and blackened houses!

Dead city of knights,
of soldiers or hunters;
of portals with shields
of a hundred noble lines,
of lean pointed hounds,
of ravenous greyhounds
swarming
through squalid alleys
and howling at midnight
when crows caw.

Cold Soria! The courthouse bell
strikes one.
Soria, Castilian city
so beautiful under the moon!
□

VII

Silvered hills,
gray heights, dark violet rocks
where the Duero twists
its crossbow arc
around Soria, somber oaks,
fierce stony ground, bald peaks,
white roads and poplars by the river,
Sorian afternoons, mystical and warlike,
today I feel a sadness for you, deep
in the heart, a sadness
that is love. Sorian fields
where the rocks seem to dream,
come with me! Silvered hills,
gray heights, dark violet rocks!
□

A un olmo seco

Al olmo viejo, hendido por el rayo
y en su mitad podrido,
con las lluvias de abril y el sol de mayo
algunas hojas verdes le han salido.

¡El olmo centenario en la colina
que lame el Duero!   Un musgo amarillento
le mancha la corteza blanquecina
al tronco carcomido y polvoriento.

No será, cual los álamos cantores
que guardan el camino y la ribera,
habitado de pardos ruiseñores.

Ejército de hormigas en hilera
va trepando por él, y en sus entrañas
urden sus telas grises las arañas.

Antes que te derribe, olmo del Duero,
con su hacha el leñador, y el carpintero
te convierta en melena de campana,
lanza de carro o yugo de carreta;
antes que rojo, en el hogar, mañana,
ardas de alguna mísera caseta,
al borde de un camino;
antes que te descuaje un torbellino
y tronche el soplo de las sierras blancas;
antes que el río hasta la mar te empuje
por valles y barrancas,
olmo, quiero anotar en mi cartera
la gracia de tu rama verdecida.
Mi corazón espera
también, hacia la luz y hacia la vida,
otro milagro de la primavera.
□   Soria, 1912.

62

To a dry elm

On the old elm split in two by a ray
of lightning and half rotted,
with the rains of April and the sun of May
a few green leaves have sprouted.

The elm. One hundred years on the hill
lapped by the Duero! A yellowish must
has stained the whitish bark until
now its trunk is worms and dust.

Unlike the canticling poplars that trail
the road and riverbank,
it will never nest the tawny nightingales.

An army of ants files along its flank,
surrounding it, and spiders spread
into its entrails and drop their gray web.

Elm by the Duero, before you fall
under the woodman's axe, and the carpenter's awl
and plane convert you into yokes or beams
to stay a bell, or cut
you into carts; before you are a red gleam
of lumber burning in a wretched hut
along the road;
before the mountain winds explode
under your roots, and white sierra gales
blast you; before the river pushes you through valley
and gorges to the sea,
elm, on my pad I want to note
the grace of your greening leaf.
My heart also waits hoping
—toward the light and toward life—
for another miracle of spring.
□   Soria, 1912.

Caminos

De la ciudad moruna
tras las murallas viejas,
yo contemplo la tarde silenciosa,
a solas con mi sombra y con mi pena.

El río va corriendo,
entre sombrías huertas
y grises olivares,
por los alegres campos de Baeza.

Tienen las vides pámpanos dorados
sobre las rojas cepas.
Guadalquivir, como un alfanje roto
y disperso, reluce y espejea.

Lejos, los montes duermen
envueltos en la niebla,
niebla de otoño, maternal; descansan
las rudas moles de su ser de piedra
en esta tibia tarde de noviembre,
tarde piadosa, cárdena y violeta.

El viento ha sacudido
los mustios olmos de la carretera,
levantando en rosados torbellinos
el polvo de la tierra.
La luna está subiendo
amoratada, jadeante y llena.

Los caminitos blancos
se cruzan y se alejan,
buscando los dispersos caseríos
del valle y de la sierra.
Caminos de los campos . . .
¡Ay, ya no puedo caminar con ella!
□

Roads

From the Moorish city
behind the old ramparts,
I study the silent afternoon,
alone with my shadow and my grief.

The river is running
between shaded orchards
and gray olive groves,
through the happy fields of Baeza.

The vines have golden tendrils
over red stalks.
Guadalquivir, like a broken scattered cutlass,
glitters and mirrors.

Far, the mountains sleep
wrapped in haze,
maternal autumn haze; the soft rues
rest from their lives in stone
on this warm November afternoon,
pious, mauve, violet.

Wind has shaken
the musty elms of the highway,
raising the dust of the land
in pink whirlwinds.
The moon is rising and full.

The small white roads
cross and move away,
seeking the scattered villages
of the valley and the sierra.
Roads in the fields.
Oh, but now I cannot walk with her!
□

Señor, ya me arrancaste lo que yo más quería.
Oye otra vez, Dios mío, mi corazón clamar.
Tu voluntad se hizo, Señor, contra la mía.
Señor, ya estamos solos mi corazón y el mar.

□

Allá, en las tierras altas,
por donde traza el Duero
su curva de ballesta
en torno a Soria, entre plomizos cerros
y manchas de raídos encinares,
mi corazón está vagando, en sueños . . .

¿No ves, Leonor, los álamos del río
con sus ramajes yertos?
Mira el Moncayo azul y blanco; dame
tu mano y paseemos.
Por estos campos de la tierra mía,
bordados de olivares polvorientos,
voy caminando solo,
triste, cansado, pensativo y viejo.

□

Soñé que tú me llevabas
por una blanca vereda,
en medio del campo verde,
hacia el azul de las sierras,
hacia los montes azules,
una mañana serena.

Sentí tu mano en la mía,
tu mano de compañera,
tu voz de niña en mi oído
como una campana nueva,
como una campana virgen
de un alba de primavera.
¡Eran tu voz y tu mano,
en sueños, tan verdaderas! . . .
Vive, esperanza: ¡quién sabe
lo que se traga la tierra!

□

Lord, what I loved the most you tore from me.
Now hear again this heart cry out alone.
Your will was done, O Lord, against my own.
Lord, we're alone now, my heart and the sea.
□

There in the highlands
where the Duero draws
its crossbow curve
around Soria, between leaden hills
and stains of wasted oaks,
my heart is wandering, in dreams . . .

"Leonor, do you see the river aspens
with their firm foliage?
Look at blue and white Moncayo, give me
your hand and let us walk."
Through the fields of my land,
edged with dusty olive trees,
I am walking alone,
sad, tired, pensive and old.
□

I dreamed you led me
along a white footpath
through green fields
toward the blue of the sierras,
toward the blue mountains
one serene morning.

I felt your hand in mine,
your companion hand,
your child's voice in my ear
like a new bell,
the pristine bell
of a spring dawn.
It was your voice and hand
in dreams, so true!
Live, hope, who knows
what the earth devours!
□

Una noche de verano
—estaba abierto el balcón
y la puerta de mi casa—
la muerte en mi casa entró.
Se fue acercando a su lecho
—ni siquiera me miró—,
con unos dedos muy finos
algo muy tenue rompió.
Silenciosa y sin mirarme,
la muerte otra vez pasó
delante de mí. ¿Que has hecho?
La muerte no respondió.
Mi niña quedó tranquila,
dolido mi corazón.
¡Ay, lo que la muerte ha roto
era un hilo entre los dos!
□

Al borrarse la nieve, se alejaron
los montes de la sierra.
La vega ha verdecido
al sol de abril, la vega
tiene la verde llama,
la vida, que no pesa;
y piensa el alma en una mariposa,
atlas del mundo, y sueña.
Con el ciruelo en flor y el campo verde,
con el glauco vapor de la ribera,
en torno de las ramas,
con las primeras zarzas que blanquean,
con este dulce soplo
que triunfa de la muerte y de la piedra,
esta amargura que me ahoga fluye
en esperanza de Ella . . .
□

En estos campos de la tierra mía,
y extranjero en los campos de mi tierra
—yo tuve patria donde corre el Duero
por entre grises peñas,

One summer evening—
my balcony and door
were open to the air—
death came into my house.
It drew near her bed,
not even seeing me,
and with fine fingers
broke something very frail.
Silently, ignoring me,
death came in again
by my side. "What have you done?"
Death made no reply.
My child seemed at peace,
my heart was in pain.
Ay, what death tore
was a thread between us!
□

As snow melted, the mountains
of the sierra drew away.
The meadow has turned green
in April sun, the meadow
with a green flame
and carefree life.
The soul thinks of a butterfly,
map of the world, and dreams.
With the plum tree in flower and the green field,
with the glaucous vapor of the shore
caught in branches
with the first whitening brambles,
with this soft wind
that triumphs over death and stone,
this sorrow drowning me flows out
in hope of Her.
□

Here in the fields of my own land,
a foreigner in my own land
(for I found my homeland where the Duero
flows between gray rocks

y fantasmas de viejos encinares,
allá en Castilla, mística y guerrera,
Castilla la gentil, humilde y brava,
Castilla del desdén y de la fuerza—,
en estos campos de mi Andalucía,
¡oh tierra en que nací!, cantar quisiera.
Tengo recuerdos de mi infancia, tengo
imágenes de luz y de palmeras,
y en una gloria de oro,
de lueñes campanarios con cigüeñas,
de ciudades con calles sin mujeres
bajo un cielo de añil, plazas desiertas
donde crecen naranjos encendidos
con sus frutas redondas y bermejas;
y en un huerto sombrío, el limonero
de ramas polvorientas
y pálidos limones amarillos,
que el agua clara de la fuente espeja,
un aroma de nardos y claveles
y un fuerte olor de albahaca y hierbabuena;
imágenes de grises olivares
bajo un tórrido sol que aturde y ciega,
y azules y dispersas serranías
con arreboles de una tarde inmensa;
mas falta el hilo que el recuerdo anuda
al corazón, el ancla en su ribera,
o estas memorias no son alma. Tienen,
en sus abigarradas vestimentas,
señal de ser despojos del recuerdo,
la carga bruta que el recuerdo lleva.
Un día tornarán, con luz del fondo ungidos,
los cuerpos virginales a la orilla vieja.
□   Lora del Río, 4 de abril 1913.

A José María Palacio

Palacio, buen amigo,
¿está la primavera
vistiendo ya las ramas de los chopos
del río y los caminos? En la estepa
del alto Duero, Primavera tarda,

and ghosts of old oaks,
there in mystical and warlike Castile,
genteel, humble and courageous Castile,
Castile of disdain and of power)
I would like to sing of these fields
where I was born, of Andalusia.
I have memories of childhood, I have
images of light and palm trees.
And through a glory of gold
appear cranes on far belfries,
cities with streets without women
under a violet sky; deserted squares
where blazing orange trees ripen
with globes of vermillion fruit;
and in a shadowy orchard, dusty
branches of the lemon tree
and pale yellow lemons
mirrored in bright water of the pool;
an aroma of spikenard and carnation,
a strong smell of basil and spearmint,
scenes of dull olive groves
under a torrid sun that blinds and stuns,
and blue winding mountain chains
under red clouds of a vast afternoon.
But gone is the thread lacing memory
to the heart, the anchor to the shore,
or these memories are soulless;
in their strange garments
they are the dregs of the mind,
carted along as dead weight.
One day, annointed in a light from below,
our virginal bodies will end up on the old shore.
□
                                        Lora del Río, April 4, 1913

To José María Palacio

Palacio, good friend,
is spring
already clothing the branches of the poplars
by the river and the roads? On the highland
by the upper Duero, spring comes slowly,

¡pero es tan bella y dulce cuando llega! . . .
¿Tienen los viejos olmos
algunas hojas nuevas?
Aún las acacias estarán desnudas
y nevados los montes de las sierras.
¡Oh mole del Moncayo blanca y rosa,
allá en el cielo de Aragón, tan bella!
¿Hay zarzas florecidas
entre las grises peñas,
y blancas margaritas
entre la fina hierba?
Por esos campanarios
ya habrán ido llegando las cigüeñas.
Habrá trigales verdes,
y mulas pardas en las sementeras,
y labriegos que siembran los tardíos
con las lluvias de abril. Ya las abejas
libarán del tomillo y el romero.
¿Hay ciruelos en flor? ¿Quedan violetas?
Furtivos cazadores, los reclamos
de la perdiz bajo las capas luengas,
no faltarán. Palacio, buen amigo,
¿tienen ya ruiseñores las riberas?
Con los primeros lirios
y las primeras rosas de las huertas,
en una tarde azul, sube al Espino,
al alto Espino donde está su tierra . . .
□   Baeza, 29 de marzo 1913

Noviembre 1913

Un año más. El sembrador va echando
la semilla en los surcos de la tierra.
Dos lentas yuntas aran,
mientras pasan las nubes cenicientas
ensombreciendo el campo,
las pardas sementeras,
los grises olivares. Por el fondo
del valle el río el agua turbia lleva.

yet beautiful and sweet when it comes!
Do the old elms
have a few new leaves?
The acacias must still be bare
and the sierra snowy.
O there against the sky of Aragon,
the handsome white and rose peak of Moncayo!
Are brambles in flower
among the gray rocks,
and are there white daisies
in the slender grass?
In those belfries
by now the storks must be arriving.
The wheat must be green
and brown mules in the seeded furrows,
and peasants planting late crops
with April rains. Already bees
are sipping thyme and rosemary.
Are plum trees in bloom? Violets left?
Stealthy hunters
with partridge decoys under long capes
cannot be missing. Palacio, good friend,
have the river banks their nightingales?
On a blue afternoon,
with lillies and the first roses
in the gardens, climb to the grave on Espino,
up to high Espino. There, is her earth.
☐   Baeza, March 29, 1913

November 1913

Another year. The sower is casting
seed into the furrows.
Two slow teams of oxen plow
while clouds of ash overhead
darken the plain,
the colorless seeded fields
and the gray olive groves. Through the rift
in the valley, the river pushes troubled water.

Tiene Cazorla nieve,
y Mágina, tormenta,
su montera, Aznaitín. Hacia Granada,
montes con sol, montes de sol y piedra.
□

Proverbios y cantares

I

Nunca perseguí la gloria
ni dejar en la memoria
de los hombres mi canción;
yo amo los mundos sutiles,
ingrávidos y gentiles
como pompas de jabón.
Me gusta verlos pintarse
de sol y grana, volar
bajo el cielo azul, temblar
súbitamente y quebrarse.
□

XII

¡Ojos que a la luz se abrieron
un día para, después,
ciegos tornar a la tierra,
hartos de mirar sin ver!
□

XXI

Ayer soñé que veía
a Dios y que a Dios hablaba;

Cazorla has snow
and Mágina its storm.
Aznaitín wears a cap of clouds. Toward Granada
mountains with sun, mountains of sun and stone.
□

Proverbs and songs

I

I never looked for glory,
nor to leave my song
in the memory of mankind.
I love the subtle worlds,
almost weightless and genteel
like soap bubbles.
I like to see them painted
in sunlight and scarlet, soar
under the blue sky, then
suddenly quiver and break.
□

XII

Eyes that opened to the light
one day—only to turn
later, blind, back to the earth,
weary of looking without sight!
□

XXI

Yesterday I dreamt I was seeing
God and that God was talking;

y soñé que Dios me oía . . .
Después soñé que soñaba.
□

XXIII

No extrañéis, dulces amigos,
que esté mi frente arrugada;
yo vivo en paz con los hombres
y en guerra con mis entrañas.
□

XXVIII

Todo hombre tiene dos
batallas que pelear:
en sueños lucha con Dios;
y despierto, con el mar.
□

XXX

El que espera desespera,
dice la voz popular.
¡Qué verdad tan verdadera!
La verdad es lo que es,
y sigue siendo verdad
aunque se piense al revés.
□

and I dreamt that God heard me.
Later I dreamt I was dreaming.
□

XXIII

Don't be surprised, dear friends,
that my forehead is wrinkled.
I live at peace with men.
With my ulcers I'm at war.
□

XXVIII

Every man has two wars
he wages constantly:
in dreams he fights with God,
and once awake, the sea.
□

XXX

You who hope will despair,
as the saying goes,
and it's true everywhere.
The truth is always as
it is, and stays the truth
whatever thoughts one has.
□

XLIV

Todo pasa y todo queda;
pero lo nuestro es pasar,
pasar haciendo caminos,
caminos sobre la mar.
□

XLV

Morir . . . ¿Caer como gota
de mar en el mar inmenso?
¿O ser lo que nunca he sido:
uno, sin sombra y sin sueño,
un solitario que avanza
sin camino y sin espejo?
□

XLVI

Anoche soñé que oía
a Dios, gritándome: ¡Alerta!
Luego era Dios quien dormía,
y yo gritaba: ¡Despierta!
□

XLVII

Cuatro cosas tiene el hombre
que no sirven en la mar:
ancla, gobernalle y remos,
y miedo de naufragar.
□

XLIV

All passes and all remains,
but ours is to pass,
to pass while making roads,
roads over the sea.
□

XLV

To die . . . To fall like a drop
of sea into an immense sea?
Or to be what I've never been;
one, without shadow or dream,
a solitary person moving
without road or mirror?
□

XLVI

Last night I dreamt I could hear
God screaming at me: Take
care! Later God was sleeping
and I screamed back: Awake!
□

XLVII

Mankind has four things
that don't work at sea:
anchor, rudder, oars,
and fear of going down.
□

XLIX

Ya noto, al paso que me torno viejo,
que en el inmenso espejo,
donde orgulloso me miraba un día,
era el azogue lo que yo ponía.
Al espejo del fondo de mi casa
una mano fatal
va rayendo el azogue, y todo pasa
por él como la luz por el cristal.
□

Parábolas

I

Era un niño que soñaba
un caballo de cartón.
Abrió los ojos el niño
y el caballito no vio.
Con un caballito blanco
el niño volvió a soñar;
y por la crin lo cogía . . .
¡Ahora no te escaparás!
Apenas lo hubo cogido,
el niño se despertó.
Tenía el puño cerrado.
¡El caballito voló!
Quedóse el niño muy serio
pensando que no es verdad
un caballito soñado.
Y ya no volvió a soñar.
Pero el niño se hizo mozo
y el mozo tuvo un amor,
y a su amada le decía:
¿Tú eres de verdad o no?
Cuando el mozo se hizo viejo
pensaba: Todo es soñar,
el caballito soñado
y el caballo de verdad.

XLIX

Now, as I turn old, I note
in the vast mirror
where proud I stared at myself one day,
I put the quicksilver in it.
In that mirror in the depth of my house
a fatal hand
is scratching the silver; everything blurs
through it like light through glass.
□

Parables

I

A child was dreaming
a cardboard horse.
The boy opened his eyes
and didn't see the pony.
Again the child dreamt
a white pony
and grabbed it by the mane.
"Now you won't get away!"
Just as he caught it,
the boy woke up.
His fist was clenched,
the pony gone.
The boy turned very grave,
thinking a dream pony
is not true,
and he stopped dreaming.
But the child became
a young man and had a love,
and asked his lover:
"Are you real or not?"
When the young man turned old
he thought: "It's all dream,
the dream pony
and the true horse."

Y cuando vino la muerte,
el viejo a su corazón
preguntaba: ¿Tú eres sueño?
¡Quién sabe si despertó!
□

IV

Consejos

Sabe esperar, aguarda que la marea fluya
—así en la costa un barco—sin que al partir te inquiete.
Todo el que aguarda sabe que la victoria es suya;
porque la vida es larga y el arte es un juguete.
Y si la vida es corta
y no llega la mar a tu galera,
aguarda sin partir y siempre espera,
que el arte es largo y, además, no importa.
□

Mi bufón

El demonio de mis sueños
ríe con sus labios rojos,
sus negros y vivos ojos,
sus dientes finos, pequeños.
Y jovial y picaresco
se lanza a un baile grotesco,
luciendo el cuerpo deforme
y su enorme
joroba. Es feo y barbudo,
y chiquitín y panzudo.
Yo no sé por qué razón,
de mi tragedia, bufón,
te ríes . . . Mas tú eres vivo
por tu danzar sin motivo.
□

When death came,
the old man was asking
his heart; "Are you a dream?"
Who knows if he awoke!
□

IV

Advice

Learn to wait. Wait for the tide to flow,
as a boat on the coast. And do not worry
    when it buoys
you out. If you wait, you will know
    victory,
for life is long and art a toy.
And if life is short
and the sea doesn't reach your ship, stay
forever waiting in the port,
for art is long, and never matters anyway.
□

My clown

The demon of my dreams
laughs with reddened lips
and black and shiny eyes
and tiny chiseled teeth.
Jovial and picaresque
he launches into a grotesque
dance, showing off his deformed
body and his enormous
hump. He is bearded and ugly,
dwarf-like and big-bellied.
Clown, why do you contrive
to laugh at my tragedy?
But you remain alive
in all your dancing insanity.
□

Elogios

A don Francisco Giner de los Ríos

Como se fue el maestro,
la luz de esta mañana
me dijo: Van tres días
que mi hermano Francisco no trabaja.
¿Murió? . . . Sólo sabemos
que se nos fue por una senda clara,
diciéndonos: Hacedme
un duelo de labores y esperanzas.
Sed buenos y no más, sed lo que he sido
entre vosotros: alma.
Vivid, la vida sigue,
los muertos mueren y las sombras pasan;
lleva quien deja y vive el que ha vivido.
¡Yunques, sonad; enmudeced, campanas!

Y hacia otra luz más pura
partió el hermano de la luz del alba,
del sol de los talleres,
el viejo alegre de la vida santa.
. . . Oh, sí, llevad, amigos,
su cuerpo a la montaña,
a los azules montes
del ancho Guadarrama.
Allí hay barrancos hondos
de pinos verdes donde el viento canta.
Su corazón repose
bajo una encina casta,
en tierra de tomillos, donde juegan
mariposas doradas . . .

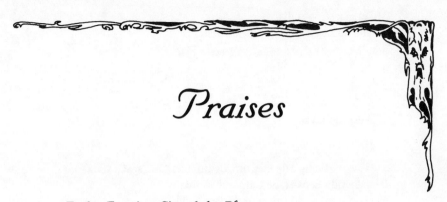

Praises

To don Francisco Giner de los Ríos

When the master went away
the morning light
told me: For three days now
my brother Francisco hasn't been working.
Is he dead? We only know
he left along a bright path,
telling us: Give me
a mourning of work and hope.
Be good. That's enough. Be what I have been
among you: a soul.
Live, life goes on.
The dead die and shadows disappear;
You, who have lost, win; you, who have lived, live.
Let anvils boom and church bells cease!

Our brother, the happy old man,
saint-like, has left
the light of dawn, the sun in the shops,
for another purer light.
Friends, carry
his body to the mountain,
the blue summit
of huge Guadarrama.
Deep barrancos
with green pines and singing wind.
His heart will rest
under a plain oak,
in fields of thyme and gold
chasing butterflies.

Allí el maestro un día
soñaba un nuevo florecer de España.
□   Baeza, 21 febrero 1915

Una españa joven

. . . Fue un tiempo de mentira, de infamia. A España toda,
la malherida España, de Carnaval vestida
nos la pusieron, pobre y escuálida y beoda,
para que no acertara la mano con la herida.

Fue ayer: éramos casi adolescentes; era
con tiempo malo, encinta de lúgubres presagios,
cuando montar quisimos en pelo una quimera,
mientras la mar dormía ahita de naufragios.

Dejamos en el puerto la sórdida galera,
y en una nave de oro nos plugo navegar
hacia los altos mares, sin aguardar ribera,
lanzando velas y anclas y gobernalle al mar.

Ya entonces, por el fondo de nuestro sueño—herencia
de un siglo que vencido sin gloria se alejaba—
un alba entrar quería; con nuestra turbulencia
la luz de las divinas ideas batallaba.

Mas cada cual el rumbo siguió de su locura;
agilitó su brazo, acreditó su brío;
dejó como un espejo bruñida su armadura
y dijo: "El hoy es malo, pero el mañana . . . es mío."

Y es hoy aquel mañana de ayer . . . Y España toda,
con sucios oropeles de Carnaval vestida
aún la tenemos: pobre y escuálida y beoda;
mas hoy de un vino malo: la sangre de su herida.

Tú, juventud más joven, si de más alta cumbre
la voluntad te llega, irás a tu aventura
despierta y transparente a la divina lumbre,
como el diamante clara, como el diamantre pura.
□   Enero, 1915

86

There one day our master dreamt
of a new blossoming of Spain.
☐   Baeza, February 21, 1915

A young Spain

It was a time of lies, of infamy. They dressed
our sorely wounded Spain in Carnival costume,
and then they made her drunken, poor, debased,
so that no hand might touch her open wound.

Yesterday: we were barely youths, in an era—
an evil hour—pregnant with grim prophecy.
We wished to mount an unrestrained chimera,
while shipwrecks rotted in the sleeping sea.

We left the squalid galley in the harbor,
choosing to navigate a golden ship through gales
out to the open ocean. We sought no shore
but cast away anchor, rudder and sails.

Then through the bottom of our dream—heirloom
of a century that passed in disesteem—
a dawn tried to enter. Upon our tortured gloom
light of sacred ideas strove to shed its beam.

Yet each one followed the course of his own fervor,
limbering his arms, letting his prowess shine,
and, wearing armor burnished like a mirror,
said, "Today is evil, but tomorrow—mine!"

Today is that tomorrow of the past. And dressed
still in dirty tinsel of Carnival costume,
Spain is as she was, drunken, poor, debased,
but now with a bad wine—blood from her wound.

You, fresher youth, having the will to aim
for higher peaks, seek out your own adventure,
bright like the diamond in a holy flame,
wakeful and transparent, like the diamond pure.
☐   January, 1915

Mis poetas

El primero es Gonzalo de Berceo llamado,
Gonzalo de Berceo, poeta y peregrino,
que yendo en romería acaeció en un prado
y a quien los sabios pintan copiando un pergamino.

Trovó a Santo Domingo, trovó a Santa María,
y a San Millán, y a San Lorenzo y Santa Oria,
y dijo: Mi dictado non es de juglaría;
escrito lo tenemos; es verdadera historia.

Su verso es dulce y grave: monótonas hileras
de chopos invernales en donde nada brilla;
renglones como surcos en pardas sementeras,
y lejos, las montañas azules de Castilla.

El nos cuenta el repaire del romero cansado;
leyendo en santorales y libros de oración,
copiando historias viejas, nos dice su dictado,
mientras le sale afuera la luz del corazón.
□

My poets

The first is called Gonzalo de Berceo,
Gonzalo de Berceo, pilgrim and poet,
who on a pilgrimage came on a meadow;
whom sages paint copying a manuscript.

He sang to Saint Domingo and to Mary,
to Saint Millán, Lorenzo, Oria. But he
was not a troubadour. On the contrary,
it's written down and is true history.

His verse is soft and grave, monotonous rows
of winter poplars in which nothing shines;
his lines are furrows where dark seeds repose
and far Castilian mountains with blue pines.

He tells us where the weary pilgrims rest.
Reading the lives of saints and books of prayer,
he copies tales which are in candor dressed,
while his heart's light emerges in the air.
□

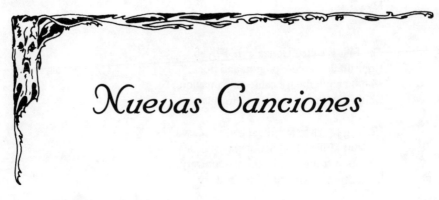

Nuevas Canciones

Apuntes

I

Desde mi ventana,
¡campo de Baeza,
a la luna clara!

¡Montes de Cazorla,
Aznaitín y Mágina!

¡De luna y de piedra
también los cachorros
de Sierra Morena!
□

II

Sobre el olivar,
se vio a la lechuza
volar y volar.

Campo, campo, campo.
Entre los olivos,
los cortijos blancos.

New Songs

Notes

I

From my window,
fields of Baeza
in the clear moon!

Mountains of Cazorla,
Aznaitín and Mágina!

Also granite columns
of moonlight and stone
in the Sierra Morena!
☐

II

Above the olive grove
an owl was seen
flying and flying.

Fields, fields, fields.
Among the olive trees,
the white farmhouses.

Y la encina negra,
a medio camino
de Úbeda a Baeza.
□

III

Por un ventanal,
entró la lechuza
en la catedral.

San Cristobalón
la quiso espantar,
al ver que bebía
del velón de aceite
de Santa María.

La Virgen habló:
—Déjala que beba,
San Cristobalón.
□

IV

Sobre el olivar,
se vio a la lechuza
volar y volar.

A Santa María
un ramito verde
volando traía.

¡Campo de Baeza,
soñaré contigo
cuando no te vea!
□

And the black oak
halfway
from Úbeda to Baeza.
□

III

Through a high window
the owl flew
into the cathedral.

Big Saint Christopher
wished to scare it
for drinking all
the lamp oil
of Saint Mary.

The Virgin spoke:
Let it drink,
Saint Christopher.
□

IV

Above the olive grove
an owl was seen
flying and flying.

To Saint Mary
it was flying,
bearing a green twig.

Fields of Baeza,
I will dream of you
when I cannot see you!
□

IX

Los olivos grises,
los caminos blancos.
El sol ha sorbido
la color del campo;
y hasta su recuerdo
me lo va secando
esta alma de polvo
de los días malos.
□

Galerías

I

En el azul la banda
de unos pájaros negros
que chillan, aletean y se posan
en el álamo yerto.

. . . En el desnudo álamo,
las graves chovas, quietas y en silencio,
cual negras, frías notas
escritas en la pauta de febrero.
□

II

El monte azul, el río, las erectas
varas cobrizas de los finos álamos,
y el blanco del almendro en la colina,
¡oh nieve en flor y mariposa en árbol!
Con el aroma del habar, el viento
corre en la alegre soledad del campo.
□

IX

The gray olive trees,
the white roads.
The sun has drained
color from the fields,
and even your memory
is drying up in me
with this soul of dust
from the dog days.
□

Galleries

I

In the blue a band
of a few black birds
that shriek, flutter and alight
on a stiff poplar tree.

In the naked grove
the grave jackdaws still and in silence
like black cold notes
written on a February staff.
□

II

The blue mountain, the river, the erect
coppery staffs of slender aspens,
and the white of almond trees on the hill.
O flowering snow and butterfly on the tree!
With the aroma of bean plants, the wind
runs in the joyful solitude of the fields.
□

III

Una centella blanca
en la nube de plomo culebrea.
¡Los asombrados ojos
del niño, y juntas cejas
—está el salón oscuro—de la madre! . . .
¡Oh cerrado balcón a la tormenta!
El viento aborrascado y el granizo
en el limpio cristal repiquetean.
□

IV

El iris y el balcón.
                    Las siete cuerdas
de la lira del sol vibran en sueños.
Un tímpano infantil da siete golpes
—agua y cristal—.
                    Acacias con jilgueros.
Cigüeñas en las torres.
                En la plaza,
lavó la lluvia el mirto polvoriento.
En el amplio rectángulo ¿quién puso
ese grupo de vírgenes risueño,
y arriba ¡hosanna! entre la rota nube,
la palma de oro y el azul sereno?
□

V

Entre montes de almagre y peñas grises,
el tren devora su raíl de acero.
La hilera de brillantes ventanillas
lleva un doble perfil de camafeo,
tras el cristal de plata, repetido . . .
¿Quién ha punzado el corazón del tiempo?
□

III

A white spark of lightning
wriggles like a snake in the leaden cloud.
The astonished eyes
of the child, and the joined eyebrows
(the room is dark) of the mother!
O balcony closed to the tempest!
The stormy wind and hail
chime on the clean windowpane.
□

IV

Rainbow and balcony.
                    The seven chords
of the sun's lyre tremble in dreams.
A child's kettledrum strikes seven times—
water and windowpane.
                    Linnets in acacia trees.
Storks on towers.
                In the plaza,
rain has washed the dusty myrtle.
Who put this smiling group of virgins
in the wide rectangle,
and above—hosanna! —the serene azure
and golden palm leaf in the broken cloud?
□

V

Between ocher mountains and gray cliffs
the train devours its steel rain.
The line of brilliant windows
wears a cameo in double profile
repeated behind the silver pane.
Who has punctured the heart of time?
□

VI

¿Quién puso, entre las rocas de ceniza,
para la miel del sueño,
esas retamas de oro
y esas azules flores del romero?
La sierra de violeta
y, en el poniente, el azafrán del cielo,
¿quién ha pintado?   ¡El abejar, la ermita,
el tajo sobre el río, el sempiterno
rodar del agua entre las hondas peñas,
y el rubio verde de los campos nuevos,
y todo, hasta la tierra blanca y rosa
al pie de los almendros!
□

VII

En el silencio sigue
la lira pitagórica vibrando,
el iris en la luz, la luz que llena
mí estereoscopio vano.
Han cegado mis ojos las cenizas
del fuego heraclitano.
El mundo es, un momento,
transparente, vacío, ciego, alado.
□

Canciones de tierras altas

I

Por la sierra blanca . . .
La nieve menuda
y el viento de cara.

VI

Who put between the ashen rocks,
as honey for a dream,
those genistas of gold
and those blue rosemary flowers?
Who painted
the violet range and the saffron of the sky
in the sunset? Beehive, hermitage,
the gorge above the river, the eternal
rolling of water between great boulders,
the blond greenness of the new fields,
and all, even the white pink earth
at the foot of the almond trees!
□

VII

In the silence the Pythagorean lyre
goes on vibrating,
rainbow in the light, light that fills
my useless stereoscope.
The ashes of Heraclitian fire
have deadened my eyes.
The world in one moment is
transparent, empty, blind, winged.
□

Songs of the highlands

I

Through the white sierra,
the delicate snow
and wind in your face.

Por entre los pinos . . .
con la blanca nieve
se borra el camino.

Recio viento sopla
de Urbión a Moncayo.
¡Páramos de Soria!
□

IV

Es la parda encina
y el yermo de piedra.
Cuando el sol tramonta,
el río despierta.

¡Oh montes lejanos
de malva y violeta!
En el aire en sombra
sólo el río suena.

¡Luna amoratada
de una tarde vieja,
en un campo frío,
más luna que tierra!
□

V

Soria de montes azules
y de yermos de violeta,
¡cuántas veces te he soñado
en esta florida vega
por donde se va,
entre naranjos de oro,
Guadalquivir a la mar!
□

Among the pine trees,
the white snow
erases the road.

Harsh winds blow
from Urbión to Moncayo.
Bleak tableland of Soria!
□

IV

It is the brown oak
and stone wasteland.
When the sun falls
the river wakens.

O remote mountains
of mauve and violet!
In the somber air
only the river sounds.

Purpling moon
of an old afternoon.
In the cold field
more moon than earth!
□

V

Soria of blue mountains
and violet wilderness,
how often I have dreamed of you
here in this flowering meadow
where the Guadalquivir,
between orange trees of gold,
flows to the sea!
□

VI

¡Cuántas veces me borraste,
tierra de ceniza,
estos limonares verdes
con sombras de tus encinas!

¡Oh campos de Dios,
entre Urbión el de Castilla
y Moncayo el de Aragón!
□

VIII

El río despierta.
En el aire oscuro,
sólo el río suena.

¡Oh canción amarga
del agua en la piedra!
. . . Hacia el alto Espino,
bajo las estrellas.

Sólo suena el río
al fondo del valle,
bajo el alto Espino.
□

IX

En medio del campo,
tiene la ventana abierta
la ermita sin ermitaño.

Un tejadillo verdoso.
Cuatro muros blancos.

VI

How often you have blinded me,
land of ashes,
to these green lemon groves
with the shadows of your oaks!

O fields of the Lord,
between Urbión of Castile
and Moncayo of Aragon!
□

VIII

The river awakens.
In the darkening air,
only the sound of river.

O bitter song
of water on stone!
Toward high Espino
under the stars.

Only the river sounds
at the valley bottom
below high Espino.
□

IX

In the middle of the plain
the hermitage without a hermit
keeps a window open.

A greenish roof of tile
and four white walls.

Lejos relumbra la piedra
del áspero Guadarrama.
Agua que brilla y no suena.

¡En el aire claro,
los alamillos del soto,
sin hojas, liras de marzo!
□

X

Iris de la noche

A D. Ramón del Valle-Inclán

Hacia Madrid, una noche,
va el tren por el Guadarrama.
En el cielo, el arco iris
que hacen la luna y el agua.
¡Oh, luna de abril, serena,
que empuja las nubes blancas!

La madre lleva a su niño,
dormido, sobre la falda.
Duerme el niño y, todavía,
ve el campo verde que pasa,
y arbolillos soleados,
y mariposas doradas.

La madre, ceño sombrío
entre un ayer y un mañana,
ve unas ascuas mortecinas
y una hornilla con arañas.

Hay un trágico viajero,
que debe ver cosas raras,
y habla solo y, cuando mira,
nos borra con la mirada.

Yo pienso en campos de nieve
y en pinos de otras montañas.

Far away glares the rock
of harsh Guadarrama.
Water shining without sound.

In the clear air,
the little poplars of the leafless
thicket, March lyres!
□

X

Night rainbow

For D. Ramón del Valle-Inclán

Toward Madrid in the night,
the train winds through the Guadarrama.
In the sky the rainbow
made by moon and water.
O peaceful April moon
driving the white clouds!

A mother holds a child
asleep on her lap.
The boy sleeps, and still
he sees the green fields passing,
the little sunlit trees
and gilded butterflies.

The mother, dark frown
between tomorrow and the past,
sees some dying coals
and a kitchen stove with spiders.

There is a tragic passenger
who must see strange things;
he talks alone and, looking up,
erases us with a glance.

I think of fields of snow
and pines of other mountains.

Y tú, Señor, por quien todos
vemos y que ves las almas,
dinos si todos, un día
hemos de verte la cara.
□

Canciones

I

Junto a la sierra florida,
bulle el ancho mar.
El panal de mis abejas
tiene granitos de sal.
□

II

Junto al agua negra.
Olor de mar y jazmines.
Noche malagueña.
□

III

La primavera ha venido.
Nadie sabe cómo ha sido.
□

And you, Lord, through whom
we all see and who sees our souls,
tell us whether one day
we are all to look upon your face.
□

Songs

I

Below the blossoming sierra
the broad sea bubbles.
In my honeycomb of bees
are tiny flakes of salt.
□

II

Beside the black water.
A scent of sea and jasmine.
Malaguenean evening.
□

III

Spring has come.
No one knows how.
□

IV

La primavera ha venido.
¡Aleluyas blancas
de los zarzales floridos!
□

Proverbios y cantares

a José Ortega y Gasset.

I

El ojo que ves no es
ojo porque tú lo veas,
es ojo porque te ve.
□

V

Entre el vivir y el soñar
hay una tercera cosa.
Adivínala.
□

X

En el viejo caserío
— ¡oh anchas torres con cigüeñas! —
enmudece el son gregario,
y en el campo solitario
suena el agua entre las peñas.
□

IV

The spring has come.
White hallelujahs
of flowering brambles!
□

Proverbs and songs

to José Ortega y Gasset

I

The eye you see is not
an eye because you see it
but because it sees you.
□

V

Between living and dreaming
there is a third thing.
Guess it.
□

X

In the ancient hamlet
—O broad towers with storks! —
the chatty noise dies off,
and in the solitary field
water sounds among the rocks.
□

XIII

Encuentro lo que no busco:
las hojas del toronjil
huelen a limón maduro.
□

XVII

En mi soledad
he visto cosas muy claras,
que no son verdad.
□

XXIII

Canta, canta, canta,
junto a su tomate,
el grillo en su jaula.
□

XXVI

¡Ya hay hombres activos!
Soñaba la charca
con sus mosquitos.
□

XXXVI

No es el yo fundamental
eso que busca el poeta,
sino el tú esencial.
□

XIII

I find what I don't seek:
leaves of the grapefruit
smell of ripe lemon.
□

XVII

In my solitude
I've seen very clear things
which are not true.
□

XXIII

Singing, singing, singing.
Next to its tomato
the cricket in its cage.
□

XXVI

At last active men!
The puddle was dreaming
of its mosquitoes.
□

XXXVI

The poet isn't looking
for the fundamental I
but the essential you.
□

XXXVIII

Mas el doctor no sabía
que hoy es siempre todavía.
□

LII

Hora de mi corazón:
la hora de una esperanza
y una desesperación.
□

LIII

Tras el vivir y el soñar,
está lo que más importa:
despertar.
□

LXII

Por dar al viento trabajo
cosía con hilo doble
las hojas secas del árbol.
□

LXIII

Sentía los cuatro vientos,
en la encrucijada
de su pensamiento.
□

XXXVIII

But the doctor didn't know
that today is always still.
□

LII

Hour of my heart:
the hour of hope
and a despair.
□

LIII

Beyond living and dreaming
is what matters more:
waking.
□

LXII

To make work for the wind,
sew dry leaves on the tree
with a double thread.
□

LXIII

He heard the four winds
over the crossroad
of his meditation.
□

LXXIII

De un *Arte de bien comer*
primera lección:

No has de coger la cuchara
con el tenedor.
□

XCIV

Doy consejo, a fuer de viejo:
nunca sigas mi consejo.
□

Los ojos

I

Cuando murió su amada
pensó en hacerse viejo
en la mansión cerrada,
solo, con su memoria y el espejo
donde ella se miraba un claro día.
Como el oro en el arca del avaro,
pensó que guardaría
todo un ayer en el espejo claro.
Ya el tiempo para él no correría.
□

II

Mas pasado el primer aniversario,
¿cómo eran —preguntó—, pardos o negros,

LXXIII

In an *Art of Fine Eating*
lesson number 1:

Do not pick up the spoon
with the fork.
□

XCIV

I give advice, an old man's vice:
Never follow my advice.
□

The eyes

I

When his love died
he made up his mind to grow old
alone in his closed house
with her memory and the mirror
in which one bright day she gazed.
Like gold in a miser's trunk
he thought of conserving
the whole past in the bright mirror.
Now time would stop for him.
□

II

But after the first anniversary,
How were her eyes? he asked. Brown or black?

sus ojos? ¿glaucos? . . . ¿grises?
¿cómo eran ¡santo Dios! que no recuerdo?
□

III

Salió a la calle un día
de primavera, y paseó en silencio
su doble luto, el corazón cerrado . . .
De una ventana en el sombrío hueco
vio unos ojos brillar. Bajó los suyos,
y siguió su camino . . . ¡Como ésos!
□

Esto soñé

Que el caminante es suma del camino,
y en el jardín, junto del mar sereno,
le acompaña el aroma montesino,
ardor de seco henil en campo ameno;

que de luenga jornada peregrino
ponía al corazón un duro freno,
para aguardar el verso adamantino
que maduraba el alma en su hondo seno.

Esto soñé. Y del tiempo, el homicida,
que nos lleva a la muerte o fluye en vano,
que era un sueño no más del adanida.

Y un hombre vi que en la desnuda mano
mostraba al mundo el ascua de la vida,
sin cenizas el fuego heraclitano.
□

Pale green? Gray?
For the love of God! I don't remember.
□

III

He went out into the street one day
of spring and paraded his double mourning,
silently. His heart was closed.
From a window in the empty shadows
he saw two flashing eyes; he lowered his gaze,
and went on walking. Like those!
□

This I dreamt

The wanderer of the road becomes the road,
and in the garden, near the quiet sea,
the mountain fragrance goes with him; grass mowed
is now dry hay, hot and smelling pleasantly.

The pilgrim on his lengthy journey held
his heart in check. He found that it was best
to wait; for iron lines to be withheld
until the soul ripened them in his chest.

All this I dreamt: a homicidal time
floating us to our death, relentless, and
in vain, and still the peak of Adam's dream.

I saw a man who in his naked hand
revealed the coals of life, a constant flash
of Heraclitian fire, and yet no ash.
□

El amor y la sierra

Cabalgaba por agria serranía,
una tarde, entre roca cenicienta.
El plomizo balón de la tormenta
de monte en monte rebotar se oía.

Súbito, al vivo resplandor del rayo,
se encabritó, bajo de un alto pino,
al borde de una peña, su caballo.
A dura rienda le tornó al camino.

Y hubo visto la nube desgarrada,
y dentro, la afilada crestería
de otra sierra más lueñe y levantada

—relampago de piedra parecía—.
¿Y vio el rostro de Dios? Vio el de su amada.
Gritó: ¡Morir en esta sierra fría!
□

Los sueños dialogados

I

¡Cómo en el alto llano su figura
se me aparece! . . . Mi palabra evoca
el prado verde y la árida llanura,
la zarza en flor, la cenicienta roca.

Y al recuerdo obediente, negra encina
brota en el cerro, baja el chopo al río;
el pastor va subiendo a la colina;
brilla un balcón de la ciudad: el mío,

el nuestro. ¿Ves? Hacia Aragón, lejana,
la sierra de Moncayo, blanca y rosa . . .
Mira el incendio de esa nube grana,

Love and the sierra

Riding along the bitter sierra ground
one afternoon, crossing the ashen rock,
he heard the tempest's leaden ball rebound
against the mountains, and they spread the shock.

Suddenly amid the glazing radiance
of a thunderbolt, under a high pine
his horse reared up beside the precipice.
He swerved back to the path at short reins.

He looked. The sundered cloud came into view,
and in the rift the sharpened summits grew
of farther sierra peaks hanging above,

blazing. It seemed to be a lightning of stone.
And did he see God's face? He saw his love
and cried: To die in these cold hills alone!
□

Dialogued Dreams

I

How suddenly her face on the plateau
appears to me! And then my word evokes
green meadows and the arid plains below,
the flowering blackberries and ashen rocks.

Obedient to my memory, the black oak
sprouts on the hill, the poplars then define
the river, and the shepherd climbs the cloak
of hills while city windows glitter: mine,

yes, ours. You see? Far off in Aragon,
the sierra of Moncayo, white and rose.
Look at the bonfire of that cloud, and far

y aquella estrella en el azul, esposa.
Tras el Duero, la loma de Santana
se amorata en la tarde silenciosa.
□

IV

¡Oh soledad, mi sola compañía,
oh musa del portento que el vocablo
diste a mi voz que nunca te pedía!
Responde a mi pregunta: ¿Con quién hablo?

Ausente de ruidosa mascarada,
divierto mi tristeza sin amigo,
contigo, dueña de la faz velada,
siempre velada al dialogar conmigo.

Hoy pienso: este que soy será quien sea;
no es ya mi grave enigma este semblante
que en el íntimo espejo se recrea

sino el misterio de tu voz amante.
Descúbreme tu rostro: que yo vea
fijos en mí tus ojos de diamante.
□

Sonnets

IV

Esta luz de Sevilla ... Es el palacio
donde nací, con su rumor de fuente.
Mi padre, en su despacho. —La alta frente,
la breve mosca, y el bigote lacio—.

Mi padre, aún joven. Lee, escribe, hojea
sus libros y medita. Se levanta;

shining against the blue, my wife, that star.
Santana hill, behind the Duero, shows
dark violet now in silent afternoon.
□

IV

O solitude and now my one companion,
O muse of wonder offering the word
(I never asked for) to my voice. A question:
Who am I talking to? And am I heard?

Abstracted from the noisy masquerade,
I turn my sadness, punctured by no friend,
to you, lady of the veiled face, in shade
and always veiled, talking with me. I end

my thoughts, saying today: I'm someone who
is anyone; as for that face, I'm through
with grave enigmas recreated in

my private mirror. Rather, your mystery
and lover's voice. Show me your face—to see
your diamond eyes now glaring from within.
□

Sonnets

IV

The light of Seville: the palace where
I was born, with its gurgling fountain.
My father in his office. High brow,
short goatee and drooping moustache.

My father is still young. He reads, writes,
leafs through his books and meditates. He rises,

va hacia la puerta del jardín. Pasea.
A veces habla solo, a veces canta.

Sus grandes ojos de mirar inquieto
ahora vagar parecen, sin objeto
donde puedan posar, en el vacío.

Ya escapan de su ayer a su mañana;
ya miran en el tiempo, ¡padre mío!,
piadosamente mi cabeza cana.
□

goes toward the garden gate. Walks about,
now speaking to himself, now singing.

His large eyes with their unquiet glance
seem to be wandering, unfocused, to
where they come to rest in the void.

They escape from past to a tomorrow
where they look pityingly through time—
O my father—at my graying head.
□

De un Cancionero Apócrifo

Primaveral

Nubes, sol, prado verde y caserío
en la loma, revueltos. Primavera
puso en el aire de este campo frío
la gracia de sus chopos de ribera.

Los caminos del valle van al río
y allí, junto del agua, amor espera.
¿Por ti se ha puesto el campo ese atavío
de joven, oh invisible compañera?

¿Y ese perfume del habar al viento?
¿Y esa primera blanca margarita? . . .
¿Tú me acompañas? En mi mano siento

doble latido; el corazón me grita,
que en las sienes me asorda el pensamiento:
eres tú quien florece y resucita.
□

Rosa de fuego

Tejidos sois de primavera, amantes,
de tierra y agua y viento y sol tejidos.
La sierra en vuestros pechos jadeantes,
en los ojos los campos florecidos,

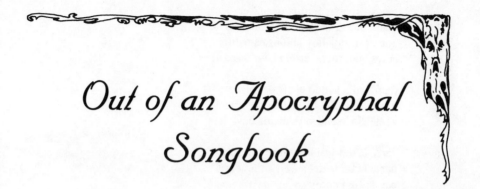

Out of an Apocryphal Songbook

Vernal

Clouds, sun, green meadow, and villa
in confusion on the hill. Spring
placed in the air of these cold fields
the grace of its riparian poplars.

The valley roads lead to the river,
and there, by the water, love is waiting.
Has the field put on those youthful garments
for you, O invisible companion?

And that fragrant wind from the open bean field,
and that first white daisy?
Will you come with me? In my hand I feel

a double throbbing; my heart cries out
and in my temples the thought deafens me:
it is you who blossom and resurrect.
□

Rose of fire

Lovers, you are woven of the spring,
woven of earth and water, wind and sun.
The sierra in your throbbing chests,
in your eyes the blossoming fields.

pasead vuestra mutua primavera,
y aun bebed sin temor la dulce leche
que os brinda hoy la lúbrica pantera,
antes que, torva, en el camino aceche.

Caminad, cuando el eje del planeta
se vence hacia el solsticio de verano,
verde el almendro y mustia la violeta,

cerca la sed y el hontanar cercano,
hacia la tarde del amor, completa,
con la rosa de fuego en vuestra mano.
□

Mis ojos en el espejo
son ojos ciegos que miran
los ojos con que los veo.
□

En el mar de la mujer
pocos naufragan de noche;
muchos, al amanecer.
□

La plaza tiene una torre,
la torre tiene un balcón,
el balcón tiene una dama,
la dama una blanca flor.
Ha pasado un caballero
— ¡quién sabe por qué pasó!—,
y se ha llevado la plaza
con su torre y su balcón,
con su balcón y su dama,
su dama y su blanca flor.
□

Stroll about with the spring you share,
and fearlessly drink the sweet milk
which the slippery panther offers you
before he grimly stalks the path.

Walk, when the axis of the planet
is bending toward the summer solstice—
the almonds green and violets musty,

thirst near and water springs close by—
walk toward the afternoon of love, fulfilled,
with the rose of fire in your hand.
□

My eyes in the mirror
are blind eyes looking
at the eyes I see with.
□

In the sea of a woman
few shipwreck at night;
many with the dawn.
□

The plaza has a tower,
the tower a balcony,
the balcony holds a lady,
the lady a white flower.
A *caballero* ambled by—
who knows why!—
and carried away the plaza
with its tower and balcony,
with its balcony and lady,
its lady and white flower.
□

Siesta

En Memoria De Abel Martín

Mientras traza su curva el pez de fuego,
junto al ciprés, bajo el supremo añil,
y vuela en blanca piedra el niño ciego,
y en el olmo la copla de marfil
de la verde cigarra late y suena,
honremos al Señor
—la negra estampa de su mano buena—
que ha dictado el silencio en el clamor.

Al Dios de la distancia y de la ausencia,
del áncora en la mar, la plena mar . . .
Él nos libra del mundo—omnipresencia—,
nos abre senda para caminar.

Con la copa de sombra bien colmada,
con este nunca lleno corazón,
honremos al Señor que hizo la Nada
y ha esculpido en la fe nuestra razón,
□

Apuntes para una geografía emotiva de España

VII

Tiene una boca de fuego
y una cintura de azogue.
　　　Nadie la bese.
　　　Nadie la toque.

Cuando el látigo del viento
suena en el campo: ¡amapola!
(como llama que se apaga
o beso que no se logra)

Siesta

To the memory of Abel Martín

While the fish of fire traces its arc
by the cypress below the supreme indigo,
and the blind child flies in white stone,
and the ivory song of the green cicada
throbs and rings in the elm tree,
let us honor the Lord
—the black imprint of his good hand—
who ordered silence into clamor,

honor the God of distance and of absence,
our anchor in the sea, the high sea.
He frees us from the world—omnipresence;
he opens a path for us to walk.

With our cup brimming with shadow,
with this never full heart,
let us honor the Lord who made the Nothing
and sculpted our reason into faith.
□

Notes for an emotive geography of Spain

VII

Her mouth is made of fire,
her waist of mercury.
    No one kiss her.
    No one touch her.

When the lash of the wind
cracks in the fields: poppy!
(like a dying flame
or kiss never gained)

su nombre pasa y se olvida.
Por eso nadie lo nombra.

Lejos, por los espartales,
más allá de los olivos,
hacia las adelfas
y los tarayes del río,
con esta luna de la madrugada,
amazona gentil del campo frío! ...
□

Canciones a guiomar

I

No sabía
si era un limón amarillo,
lo que tu mano tenía,
o el hilo de un claro día,
Guiomar, en dorado ovillo.
Tu boca me sonreía.

Yo pregunté: ¿Qué me ofreces?
¿Tiempo en fruto, que tu mano
eligió entre madureces
de tu huerta?

¿Tiempo vano
de una bella tarde yerta?
¿Dorada ausencia encantada?
¿Copia en el agua dormida?
¿De monte en monte encendida,
la alborada
verdadera?
¿Rompe en sus turbios espejos
amor la devandera
de sus crepúsculos viejos?
□

her name goes by and is forgotten.
Yes, no one can recall her.

Far, through the feather grass,
beyond the olive trees,
toward the oleanders
and tamarisk by the river,
in this moonlight of the early dawn,
graceful amazon of the frozen fields!
□

Songs to Guiomar

I

I didn't know
if it was a yellow lemon
you held in your hand
or the thread of a bright day,
Guiomar, a gold skein.
Your mouth smiled at me.

What do you have for me? I asked.
Time in fruit which your hand
chose from the ripeness
of your orchard?
Futile time
of a beautiful motionless afternoon?
A spellbound golden absence?
A copy in sleeping water?
From mountain to burning mountain
the true
daybreak?
In its turbid mirrors does love
break the spool
of its ancient twilights?
□

II

En un jardín te he soñado,
alto, Guiomar, sobre el río,
jardín de un tiempo cerrado
con verjas de hierro frío.

Un ave insólita canta,
en el almez, dulcemente,
junto al agua viva y santa,
toda sed y toda fuente.

En ese jardín, Guiomar,
el mutuo jardín que inventan
dos corazones al par,
se funden y complementan
nuestras horas. Los racimos
de un sueño—juntos estamos—
en limpia copa exprimimos,
y el doble cuento olvidamos.
(Uno: Mujer y varón,
aunque gacela y león,
llegan juntos a beber.
El otro: No puede ser
amor de tanta fortuna:
dos soledades en una,
ni aun de varón y mujer.)
□

III

        Tu poeta
piensa en ti. La lejanía
es de limón y violeta,
verde el campo todavía.
Conmigo vienes, Guiomar:
nos sorbe la serranía.
De encinar en encinar
se va fatigando el día.

II

In a garden I dreamt of you,
high, Guiomar, over the river,
a garden from a time locked
with a cold iron grill gate.

An unusual bird is singing
faintly in the hackberry,
beside the live and holy water,
all thirst and all fountain.

In that garden, Guiomar,
a mutual garden which two hearts
simultaneously invent,
our hearts fuse
and grow. The grapes
of a dream—we're together—
we squeeze into a clean glass.
We forget the double tale.
(One: Woman and man,
though gazelle and lion,
come together to drink.
The other: Love can't be
so lucky:
two solitudes in one,
not even of man and woman.)
□

III

                Your poet
thinks of you. Distance
is of lemon and violet,
the fields still green.
Come with me, Guiomar.
The sierra will absorb us.
The day is wearing out
from oak to oak.

El tren devora y devora
día y rïel. La retama
pasa en sombra; se desdora
el oro de Guadarrama.
Porque una diosa y su amante
huyen juntos, jadeante
los sigue la luna llena.
El tren se esconde y resuena
dentro de un monte gigante.
Campos yermos, cielo alto.
Tras los montes de granito
y otros montes de basalto,
ya es la mar y el infinito.
Juntos vamos; libres somos.
Aunque el Dios, como en el cuento
fiero rey, cabalgue a lomos
del mejor corcel del viento,
aunque nos jure, violento,
su venganza,
aunque ensille el pensamiento,
libre amor, nadie lo alcanza.
□

Hoy te escribo en mi celda de viajero,
a la hora de una cita imaginaria.
Rompe el iris al aire el aguacero
y al monte su tristeza planetaria.
Sol y campanas en la vieja torre.
¡Oh tarde viva y quieta
que opuso al *panta rhei* su *nada corre*,
tarde niña que amaba tu poeta!
¡Y día adolescente
—ojos claros y músculos morenos—,
cuando pensaste a Amor, junto a la fuente,
besar tus labios y apresar tus senos!
Todo a esta luz de abril se transparenta;
todo en el hoy de ayer, el Todavía
que en sus maduras horas
el tiempo canta y cuenta,
se funde en una sola melodía,
que es un coro de tardes y de auroras.
A ti, Guiomar, esta nostalgia mía.
□

The train devours and devours
day and rail. Broomflower
slips by in shade. Gold
of Guadarrama blurs out.
Because a goddess and her lover
flee together, the full moon
pursues them, breathless.
The train hides and resounds
inside a gigantic mountain.
Barren fields, lofty sky.
Over the granite mountains
and mountains of basalt
now the sea and infinity.
We go together. We are free.
Although a God, like the fierce
king in the tale, mounts
the best steed of the wind,
although he swears his vengeance
on us violently,
although he saddles thought,
our love is free, no one stops us.
□

Today I write you from my traveler's cell
at the hour of an imaginary rendezvous.
A downpour breaks the rainbow in the wind
and its planetary sadness on the mountain.
Sun and bells in the old tower.
O live and quiet afternoon,
opposing its *nothing flows* to *panta rhei*,
childlike afternoon your poet loved!
And adolescent day!
Bright eyes and dark muscles
(I'm thinking of Eros by the fountain)
when he kissed your lips, held your breasts.
Everything in April is transparency,
the now of yesterday, the *still now*
which time sings and tells
at a ripe hour
and burns into a single noon,
a choir of afternoons and dawns.
For you, Guiomar, my longing.
□

Otras Canciones a guiomar

I

¡Sólo tu figura,
como una centella blanca,
en mi noche oscura!

*

¡Y en la tersa arena,
cerca de la mar,
tu carne rosa y morena,
súbitamente, Guiomar!

*

En el gris del muro,
cárcel y aposento,
y en un paisaje futuro
con sólo tu voz y el viento;

*

en el nácar frío
de tu zarcillo en mi boca,
Guiomar, y en el calofrío
de una amanecida loca;

*

asomada al malecón
que bate la mar de un sueño,
y bajo el arco del ceño
de mi vigilia, a traición,
¡siempre tú!
                    Guiomar, Guiomar,
mírame en ti castigado:
reo de haberte creado,
ya no te puedo olvidar.
□

Other songs to Guiomar

I

Your face alone
like white lightning
in my somber night!

＊

In the glossy sand
near the sea,
your rose and dark flesh
suddenly, Guiomar!

＊

In the gray of the wall,
prison and bedroom,
and in a future landscape
with only your voice and the wind;

＊

in the cold mother-of-pearl
of your earring in my mouth,
and in the shivering
of a mad dawn, Guiomar,

＊

you appear on an embankment
dashed by the sea of a dream,
and below the arching frown
of my vigil, treacherously,
always you!
                Guiomar, Guiomar,
see me punished in you:
guilty of having created you,
now I cannot forget you.
□

II

Todo amor es fantasía;
él inventa el año, el día,
la hora y su melodía;
inventa el amante y, más,
la amada. No prueba nada,
contra el amor, que la amada
no haya existido jamás.
□

III

Escribiré en tu abanico:
te quiero para olvidarte,
para querete te olvido.
□

IV

Te abanicarás
con un madrigal que diga:
en amor el olvido pone la sal.
□

V

Te pintaré solitaria
en la urna imaginaria
de un daguerrotipo viejo,
o en el fondo de un espejo,
viva y quieta,
olvidando a tu poeta.
□

II

All love is fantasy.
He invents the year, the day,
the hour and its melody;
invents the lover, and even
the beloved, which is no reason
against the love. Although she
never was, nor ever can be.
□

III

I will write on your fan:
I love you to forget you,
to love you I forget you.
□

IV

You will fan yourself,
saying, with a madrigal,
in love oblivion adds the salt.
□

V

I will paint you solitary
on an imaginary urn
from an old daguerrotype,
or in the depth of a mirror,
cunning and quiet,
forgetting your poet.
□

VI

Y te enviaré mi canción:
"Se canta lo que se pierde,"
con un papagayo verde
que la diga en tu balcón.
□

VII

Que apenas si de amor el ascua humea
sabe el poeta que la voz engola
y, barato cantor se pavonea
con su pesar o enluta su vïola;
y que si amor da su destello, sola
la pura estrofa suena,
fuente de monte, anónima y serena.
Bajo el azul olvido, nada canta,
ni tu nombre ni el mío, el agua santa.
Sombra no tiene de su turbia escoria
limpio metal; el verso del poeta
lleva el ansia de amor que lo engendrara
como lleva el diamante sin memoria
—frío diamante—el fuego del planeta
trocado en luz, en una joya clara . . .
□

VIII

Abre el rosal de la carroña horrible
su olvido en flor, y extraña mariposa,
jalde y carmín, de vuelo imprevisible,
salir se ve del fondo de una fosa.
Con el terror de víbora encelada,
junto al lagarto frío,
con el absorto sapo en la azulada
libélula que vuela sobre el río,

VI

And I will send you my song:
"What is lost is sung,"
with a green parrot
to say it on your balcony.
□

VII

If the ashes barely smoke with love
the poet knows his voice
is demonic, a cheap singer peacocking
his pride or crying a mournful viola;
that if his love flashes, only
the pure stanza rings,
a mountain brook, anonymous and serene.
Below the forgotten blue the saintly water
sings nothing, neither your name nor mine.
Shadow has no clean metal
in its dark scoria; the poet's verse
carries the hunger of love, engendering it
as a diamond without memory—
a cold diamond—carries the fire of the planet
turned into light, in a transparent gem.
□

VIII

The rose bush of horrible carrion opens
its flowering oblivion, and a yellow
and crimson rare butterfly is unforeseeably seen
soaring from the bottom of a ditch.
With the terror of a jealous viper
next to a cold lizard,
with the bewitched toad before the bluish
dragonfly skimming over the river,

con los montes de plomo y de ceniza,
sobre los rubios agros
que el sol de mayo hechiza,
se ha abierto un abanico de milagros
—el ángel del poema lo ha querido—
en la mano creadora del olvido . . .
□

with the mountains of lead and ash,
over the blond earth
spellbound in May sun
a fan of miracles has opened
(the angel of the poem desired it)
in the creative hand of oblivion.
□

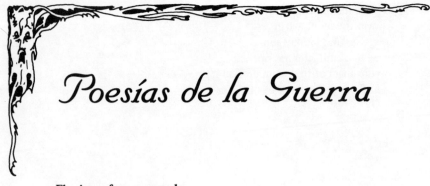

Poesías de la Guerra

El crimen fue en granada

I

El crimen

Se le vio, caminando entre fusiles,
por una calle larga,
salir al campo frío,
aún con estrellas, de la madrugada.
Mataron a Federico
cuando la luz asomaba.
El pelotón de verdugos
no osó mirarle la cara.
Todos cerraron los ojos;
rezaron: ¡ni Dios te salva!
Muerto cayó Federico
—sangre en la frente y plomo en las entrañas—
. . . Que fue en Granada el crimen
sabed—¡pobre Granada!—en su Granada . . .
□

II

El poeta y la muerte

Se le vio caminar solo con Ella,
sin miedo a su guadaña.

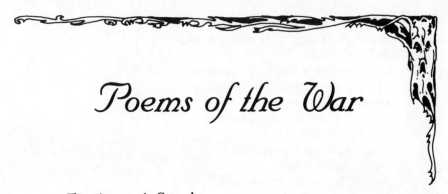

Poems of the War

The crime was in Granada

I

The Crime

He was seen walking between rifles
down a long street,
coming upon the cold field
which still held stars of early dawn.
They killed Federico
when daylight appeared.
The squad of executioners
dared not look at his face.
All had shut their eyes.
They prayed: Not even God can save you!
Dead fell Federico—
blood on his forehead and lead in his entrails.
. . . Oh, that the crime was in Granada.
Let all know it! Poor Granada! In his Granada!
□

II

The Poet and Death

He was seen walking alone with her,
without fear of her scythe.

—Ya el sol en torre y torre; los martillos
en yunque—yunque y yunque de las fraguas.
Hablaba Federico
requebrando a la muerte. Ella escuchaba.
"Porque ayer en mi verso, compañera,
sonaba el golpe de tus secas palmas,
y diste el hielo a mi cantar, y el filo
a mi tragedia de tu hoz de plata,
te cantaré la carne que no tienes,
los ojos que te faltan,
tus cabellos que el viento sacudía,
los rojos labios donde to besaban . . .
Hoy como ayer, gitana, muerte mía,
qué bien contigo a solas,
por estos aires de Granada, ¡mi Granada!"
□

III

Se le vio caminar . . .
                              Labrad, amigos,
de piedra y sueño, en el Alhambra,
un túmulo al poeta,
sobre una fuente donde llore el agua,
y eternamente diga:
el crimen fue en Granada, ¡en su Granada!
□

La primavera

Más fuerte que la guerra—espanto y grima—
cuando con torpe vuelo de avutarda
el ominoso trimotor se encima
y sobre el vano techo se retarda,

hoy tu alegre zalema el campo anima,
tu claro verde el chopo en yemas guarda.
Fundida irá la nieve de la cima
al hielo rojo de la tierra parda.

The sun already on tower and tower; hammers
on the anvils, anvils and anvils of the forges.
Federico spoke,
flirting with death. She listened.
"Because the clapping of your dry palms
sounded yesterday in my verse, companion,
and you gave ice to my song and the edge
of your silver sickle to my tragedy,
I will sing you the flesh you do not have,
the eyes you lack,
the hair the wind was ruffling,
the red lips where they kissed you.
Today as yesterday, gypsy, my death,
how good with you alone
in these winds of Granada, my Granada!"
□

III

He was seen walking . . .
                          My friends, build
of stone and dream in the Alhambra,
a tomb for the poet,
over a fountain where water weeps
and says eternally:
The crime was in Granada, in his Granada!
□

The spring

Stronger than the war, the terror and crime,
when like the giant bustard in torpid flight
the ominous trimotor starts to climb
and over hollow roofs hovers out of sight,

today your gay salaam livens the plains,
and poplars guard your bright greeness in buds.
The melting snow will leave the high terrains
and stain the tawny land where ice is red.

Mientras retumba el monte, el mar hume,
da la sirena el lúgubre alarido,
y en el azul el avïón platea,

¡cuán agudo se filtra hasta mi oído,
niña inmortal, infatigable dea,
el agrio son de tu rabel florido!
□

Amanecer en valencia

Desde una torre

Estas rachas de marzo, en los desvanes
—hacia la mar—del tiempo; la paloma
de pluma tornasol, los tulipanes
gigantes del jardín, y el sol que asoma,

bola de fuego entre morada bruma,
a iluminar la tierra levantina . . .
¡Hervor de leche y plata, añil y espuma,
y velas blancas en la mar latina!

Valencia de fecundas primaveras,
de floridas almunias y arrozales,
feliz quiero cantarte, como eras,

domando a un ancho río en tus canales,
al dios marino con tus albuferas,
al centauro de amor con tus rosales.
□

La muerte del niño herido

Otra vez en la noche . . . Es el martillo
de la fiebre en las sienes bien vendadas

While mountains rumble and the ocean smokes,
the siren canticles its mournful note
and the plane silvers the blue firmament,

tireless goddess, how sharply through the sphere,
immortal girl, the wind bears to my ear
your flowering rebec with its harsh lament!
□

Dawning in Valencia

From a Tower

These blasts of March in the attics—
facing the sea—of time; iridescent plumes
of the dove, the tulips gigantic
in the garden, and the sun that looms,

a ball of fire in a violet brume,
lighting the Valencian lands. Fury
of silver and milk, indigo and spume,
and white sails on the Latin sea!

Valencia of springtime riches,
of rice fields and flowering orchards,
I would sing of your past felicity,

mastering a wide river in your ditches,
taming a seagod in your salty harbors,
and a centaur of love with your rose trees.
□

The death of the wounded child

Again in the night, it is the hammer
of fever in the bandaged temples

del niño. —Madre, ¡el pájaro amarillo!
¡las mariposas negras y moradas!

—Duerme, hijo mío. —Y la manita oprime
la madre, junto al lecho—. ¡Oh flor de fuego!
¿quién ha de helarte, flor de sangre, díme?
Hay en la pobre alcoba olor de espliego;

fuera, la oronda luna que blanquea
cúpula y torre a la ciudad sombría.
Invisible avïón moscardonea.

—¿Duermes, oh dulce flor de sangre mía?
El cristal del balcón repiquetea.
— ¡Oh, fría, fría, fría, fría, fría!
□

De mar a mar entre los dos la guerra,
más honda que la mar. En mi parterre,
miro a la mar que el horizonte cierra.
Tú, asomada, Guiomar, a un finisterre,

miras hacia otro mar, la mar de España
que Camoens cantara, tenebrosa.
Acaso a ti mi ausencia te acompaña.
A mí me duele tu recuerdo, diosa.

La guerra dio al amor el tajo fuerte.
Y es la total angustia de la muerte,
con la sombra infecunda de la llama

y la soñada miel de amor tardío,
y la flor imposible de la rama
que ha sentido del hacha el corte frío.
□

Trazó una odiosa mano, España mía
—ancha lira, hacia el mar, entre dos mares—,
zonas de guerra, crestas militares,
en llano, loma, alcor y serranía.

of the child. "Madre, the yellow bird!
the butterflies black and purple!"

"Sleep, my son," and the mother near the bed
presses the little hand. "O flower of fire!
Who can freeze you, tell me, flower of blood?"
In the wretched room a scent of lavender.

Outside, the round moon bleaches
dome and tower in the gloomy city.
An invisible plane is droning.

"Do you sleep, O sweet flower of my blood?"
The window rings on the balcony.
"Oh, cold, cold, cold, cold, cold!"
□

From sea to sea—between us is the war,
(going deeper than the sea). From my parterre
I watch the sky-bound water, Guiomar,
while you appear upon a finisterre,

watching another sea, the sea of Spain
that Camões might have sung, a gloomy sea.
Your memory, goddess, is a well of pain.
And can my absence be your company?

The war has cut a trench between our love.
Here is death's agony: a sterile shadow
of a high fire and the dreamed honey of

a love that came to us in life too late.
Our love is a hopeless flower on a bough
that now has felt the ax's frozen blade.
□

An odious hand traced out the map, my Spain,
broad lyre facing the sea between two seas,
high in the sierra, on cliff, hill and plain:
war zones and military crests. Now these

Manes del odio y de la cobardía
cortan la leña de tus encinares,
pisan la baya de oro en tus lagares,
muelen el grano que tu suelo cría.

Otra vez— ¡otra vez!—oh triste España,
cuanto se anega en viento y mar se baña
juguete de traición, cuanto se encierra

en los templos de Dios mancha el olvido,
cuanto acrisola el seno de la tierra
se ofrece a la ambición, ¡todo vendido!
□

Meditación

Ya va subiendo la luna
sobre el naranjal.
Luce Venus como una
pajarita de cristal.

Ámbar y berilo,
tras de la sierra lejana,
el cielo, y de porcelana
morada en el mar tranquilo.

Ya es de noche en el jardín
— ¡el agua en sus atanores!—
y sólo huele a jazmín,
ruiseñor de los olores.

¡Cómo parece dormida
la guerra, de mar a mar,
mientras Valencia florida
se bebe el Guadalaviar!

Valencia de finas torres
y suaves noches, Valencia,
¡estaré contigo,
cuando mirarte no pueda,
donde crece la arena del campo
y se aleja la mar de violeta!
□

dead souls of hatred, souls of cowardice,
chop firewood stolen from your oaken fields,
trample the golden berries in your press
and mill the grain your furrowed farmland yields.

Again and again! O sad Spain overrun:
whatever may be drowned, in sea and wind
the toy of treason floats; though all is flung

into God's church, the hidden shame runs bold;
though all is scrubbed, the mother earth is bled
and pandered to ambition. Everything sold!
□

Meditation

The moon already rises
over the orange grove.
Venus shines like a
small crystal bird.

Behind the far range
the sky is amber
and beryl, and purple
porcelain on the quiet sea.

Night is in the garden,
water in the gargoyles!
Only the jasmine smells,
nightingale of perfumes.

How the war seems
to sleep from sea to sea,
while flowering Valencia
drinks the Guadalaviar!

Valencia of slender towers
and gentle nights, Valencia,
will I be with you
when I cannot see you,
where sand grows in the fields
and the violet sea fades away?
□

Coplas

Papagayo verde,
lorito real,
dí tú lo que sabes
al sol que se va.

*

Tengo un olvido, Guiomar,
todo erizado de espinas,
hoja de nopal.

*

Cuando truena el cielo
(¡qué bonito está
para la blasfemia!)
y hay humo en el mar . . .

*

En los yermos altos
veo unos chopos de frío
y un camino blanco.

*

En aquella piedra . . .
(¡tierras de la luna!)
¿nadie lo recuerda?

*

Azotan el limonar
las ráfagas de febrero.
No duermo por no soñar.
□

Coplas

Green parrot,
royal lorikeet,
say what you know
to the parting sun.

*

I have a memory, Guiomar,
all bristling with thorns,
a leaf of cactus fruit.

*

When the sky thunders
(how beautiful
for blasphemy)
and there is smoke in the sea . . .

*

In the high wastelands
I see cold poplar trees
and a long white road.

*

In that stone—
(lands of the moon!)
does nobody remember?

*

The chill winds of February
whip the lemon trees.
I do not sleep, so as not to dream.
□

34